Carma

Traleg Kyabgon

o que é,
o que não é,
e sua importância

CB060207

carma

Traleg Kyabgon

o que é,
o que não é,
e sua importância

Traduzido por Marco Bochi

© 2015 por Traleg Kyabgon
Originalmente publicado por Shambhala Publications Inc.
Título original: *Karma: what it is, what it isn't, why it matters*

Todos os direitos desta edição são reservados:
© 2018 Editora Lúcida Letra

COORDENAÇÃO EDITORIAL: Vítor Barreto
TRADUÇÃO: Marco Bochi
PREPARAÇÃO DE TEXTO: Joice Costa
REVISÃO: Thaís Carvalho, Nádia Ferreira
PROJETO GRÁFICO, CAPA E DIAGRAMAÇÃO: Aline Paiva

1ª edição, 01/2019

Dados Internacionais de Catalogação na Publicação (CIP)

K99c   Kyabgon, Traleg, 1955-.
          Carma : o que é, o que não é, e sua importância / Traleg Kyabgon ;
       traduzido por Marco Bochi. – Teresópolis, RJ : Lúcida Letra, 2019.
          192 p. ; 21 cm.

          Inclui bibliografia.
          Tradução de: Karma: what it is, what it isn't, why it matters.
          ISBN 978-85-66864-68-7

          1. Carma. 2. Budismo - História. 3. Budismo tibetano. 4. Morte. 5.
       Vida. 5. Reencarnação. I. Bochi, Marco. II. Título.

                                                              CDU 294.3
                                                              CDD 294.34

Índice para catálogo sistemático:
1. Carma : Budismo   294.3
(Bibliotecária responsável: Sabrina Leal Araujo – CRB 8/10213)

Sumário

PREFÁCIO por OGYEN TRINLEY DORJE,
o XVII KARMAPA — 7

Prefácio à edição brasileira — 9

Introdução — 11

1. As origens do conceito de carma — 23
2. A visão do Buda sobre o carma — 41
3. A contribuição da escola Yogacara para a teoria do carma — 79
4. Os ensinamentos do bardo sobre a morte, o estado intermediário e o renascimento — 87
5. Ausência do carma – Vacuidade e as duas verdades — 97
6. O significado da vida e o medo da morte — 109
7. Imortalidade, reencarnação e renascimento — 123
8. A teoria do carma como possível base para a ética — 133
9. Os aspectos empíricos da teoria do carma e do renascimento — 153
10. Trabalhando o carma — 169
11. Conclusão — 179

Bibliografia — 187

Notas — 189

PREFÁCIO por OGYEN TRINLEY DORJE, o XVII KARMAPA

Dos diversos mestres tibetanos do Darma que se estabeleceram no Ocidente, Traleg Kyabgon Rinpoche foi um dos poucos portadores de um treinamento extensivo em filosofia budista tradicional, combinado com um conhecimento sobre filosofia e psicologia ocidentais e estudos comparativos de religião. Durante seus muitos anos trabalhando com o Ocidente, desenvolveu uma compreensão profunda desta cultura. Capaz de se comunicar em inglês fluente, tinha consciência do uso indevido de termos budistas na cultura popular e se dedicou à manutenção da essência e da pureza do budismo por meio dos ensinamentos do Darma.

Sendo assim, o último livro do Rinpoche — um exame minucioso do carma e temas relacionados, como a vacuidade, a natureza do "eu", a morte e o renascimento — será de grande benefício como contramedida respeitável às interpretações comumente equivocadas dos ensinamentos budistas. Ele explica claramente como a operação do carma não é mecânica, mas, sim, dinâmica; o carma opera dentro de uma rede complexa que interconecta e influencia todas as coisas do universo, sejam animadas ou inanimadas. Acredito que desenvolver um entendimento pleno do carma tem uma importância fundamental no século XXI, quando as ações de indivíduos, grupos e nações têm amplo impacto sobre a vida e o bem-estar de outros seres sencientes. De fato, nosso planeta enfrenta, nesse momento, uma possível destruição causada pelos seres humanos. É muito importante que compreendamos a relação intrincada e multifacetada entre causa e efeito. O que fazemos como indivíduos, em nossa vida diária, afetará não apenas a nós mesmos, mas outras pessoas, o mundo em geral e até mesmo o universo.

Em um nível pessoal, este livro fornece conselhos úteis e sugestões práticas para praticantes budistas, enfatizando como a compreensão correta do carma pode abrir oportunidades para a transformação e nos ajudar a tornar nossas vidas significativas.

Espero que o florescimento final do conhecimento e dos ensinamentos do darma do Rinpoche leve benefícios a todos os seus alunos, aos budistas de todas as tradições e àqueles que desejam explorar os ensinamentos do Buda.

Ogyen Trinley Dorje, o XVII Karmapa
Mosteiro de Gyuto, Dharamsala, Índia
4 de agosto de 2014

Prefácio à edição brasileira

A ideia de carma sempre foi como um céu nublado, onde às vezes aqui e acolá se vislumbrava o azul do céu por entre pesadas nuvens. Sendo assim, o conceito de carma, de um modo geral, é visto, falado e tomado de uma maneira muito superficial, o que torna o seu entendimento vago. Nos ensinamentos do budismo diz-se que somente um bodhisattva do décimo nível pode ter uma visão completa de toda a trama de um carma.

Neste livro, o 9º Traleg Rinpoche (1955-2012) lança uma luz profunda e indispensável no assunto Carma. Por ter mestrado em filosofia comparada, pela Universidade de La Trobe, na Austrália, Rinpoche consegue transmitir a nós ocidentais toda complexidade e sutileza da visão do Buddha Shakyamuni sobre o carma. Dessa forma, aquilo que para a maioria de nós é algo, ou muito complicado ou por demais simplista, se torna compreensível e também uma ferramenta guia à nossa conduta moral e ética tanto no caminhar espiritual quanto no "mundano"!

Com uma tal exposição do carma feita por Traleg Rinpoche, fica claro para nós a distinção dos ensinamentos budista sobre o carma em relação a outras tradições, que também tem o carma em seus fundamentos.

Certamente tanto os budistas como os não budistas obterão imenso proveito lendo, refletindo e pondo em prática os ensinamentos contidos nesse livro.

Lama Karma Tartchin

Introdução

Seres humanos do passado mais distante já se perguntavam de onde vieram e para onde poderiam estar indo. Esse desejo de conhecer nosso passado e também nosso futuro pesa muito fortemente em nós. Como resultado, surgiram várias explicações sobre como nos tornamos quem somos e sobre para onde estamos indo. Muitas explicações teístas fornecem respostas para esse dilema, explicações seculares abordam a questão em termos biológicos e assim por diante. Depois de analisar essas diferentes perspectivas sobre nossa história de vida, as religiões geralmente não se satisfazem apenas em olhar para a vida da forma como a vivemos, porque, de muitas formas, as religiões sempre nos levam a questionamentos e, por isso, permanecemos insatisfeitos com as respostas dadas pela ciência. A questão do sofrimento, por exemplo, permanece. Por essa razão, no budismo, acreditamos que os conceitos de carma e renascimento oferecem uma perspectiva que pode explicar todo o tipo de sofrimento para os seres humanos e outros seres vivos. O budismo aborda a questão do sofrimento com uma profundidade não vista em nenhuma outra religião. No cristianismo, diz-se que Jesus morreu por nós, que ele se sacrificou para aliviar nosso sofrimento; mas, para acreditar nessa visão, é necessário ter uma fé absoluta. O budismo, por outro lado, não exige esse tipo de crença.

O Buda não proclamou que ele tomaria o sofrimento dos outros para si mesmo. Ele indicou o caminho para a verdade do sofrimento e sua ampla difusão. Assim, não sugeriu que tudo na vida é sofrimento, mas descreveu, junto com certas realidades inevitáveis, o modo pelo qual criamos o sofrimento para nós mesmos. Nesse sentido, ele foi único. O Buda apresentou o sofrimento de uma forma que permite às pessoas desempenharem um papel sobre o nível, a intensidade e o grau de sofrimento vivenciado. Ele também ofereceu um caminho para cessar o sofrimento. Para isso, o Buda falou sobre o carma. A teoria cármica é incrivelmente profunda, mas, infelizmente, devido às filosofias *New Age* predominantes hoje em dia, muitas pessoas inteligentes não levam o tema muito a sério.

Isso é lamentável, porque a explicação do Buda sobre o carma foi tão única quanto sua explicação sobre o sofrimento. Na Índia, nos tempos pré-budismo, o carma era realmente interpretado como uma forma de predestinação, quase comparável à noção protestante do mesmo termo. Ambas as teorias afirmam que nós não podemos mudar nosso carma, por exemplo. Em sua compreensão sobre o carma, especialmente no budismo, as pessoas muitas vezes esquecem que o próprio Buda introduziu o tema. Ele não falou apenas sobre causas cármicas, mas também sobre condições cármicas. O Buda não ensinou que existem relações causais lineares, em que uma única causa pode gerar um único efeito. O Buda ensinou que existem muitas causas e muitas condições, e ele sempre se refere a causas e condições no plural, nunca como causa e efeito. Nós somos apresentados a uma visão muito complexa de como as coisas funcionam. O fato de algo parecer ter acarretado certo acontecimento não significa que a causa particular identificada tenha sido a única responsável por gerar aquele resultado. O efeito poderia não ter acontecido, se não existissem as condições necessárias para a sua fruição.

O Buda descreveu uma imagem mais complexa sobre o funcionamento das coisas. Também correlacionou causas e condições à moral e à ética. Tentou explicar a ética e uma vida correta em termos de como os seres humanos podem se liberar de seu sofrimento e alcançar a felicidade. Ao contrário de muitos outros líderes religiosos anteriores, de seus contemporâneos e dos que vieram depois de seu tempo, o Buda sempre apelou para a razão e a experiência humanas. Os ensinamentos do Buda sobre carma e renascimento estão baseados em sua própria realização profunda. Ele não aceitou a noção de que podemos ir para o paraíso e viver lá para sempre, nem de que podemos padecer no inferno por toda a eternidade. No entanto, ao mesmo tempo, não era um cético extremista. O Buda não entendia que deixamos de existir no momento da morte. Porém, a ideia de que podemos viver para sempre, no céu ou no inferno, era refutada por ele, apesar de ser predominante no pensamento indiano de sua época. Ele se distanciou radicalmente dessas noções prevalecentes. Não acolhia a ideia de um tormento eterno, não importando quão maligno ou pecaminoso alguém pudesse ser. Acreditava plenamente que qualquer sofrimento vivenciado é causado por nossas próprias ações, e não por ação divina. Portanto, a pacificação do sofrimento está também em nossas mãos. Essa era a sua visão sobre o carma.

Existem, é claro, várias teorias sobre carma e renascimento desde muitos séculos, no Oriente, começando pela antiga Índia. No entanto, alguns desses conceitos foram trazidos para nós, no Ocidente, de uma maneira um tanto desordenada e confusa. Essas teorias estão em circulação há muitas gerações, mas continua difícil para o público moderno encontrar uma abordagem clara sobre o tópico, mesmo para os budistas praticantes. O problema foi exacerbado por alguns professores e escritores budistas ocidentais, autonomeados pesquisadores do tema, que propagam suas próprias opiniões duvidosas sobre o conceito. Essencialmente, negam ou ignoram o carma. Muitas vezes são as mesmas pessoas que ficaram entusiasmadas com o conceito de carma nos anos 1960 e 1970, enquanto viajavam pelo Nepal e pela Índia. Agora que essas pessoas chegaram aos seus sessenta ou setenta anos de idade, parece que o carma se tornou uma palavra suja para elas. A ideia nunca esteve longe de seus lábios quando jovens, mas agora que se aproximam da morte não querem nem falar disso! Infelizmente, nossa resistência a pensar em algo não faz o assunto desaparecer, nem evita que nosso temor — ou o que nos deixa desconfortáveis — simplesmente ocorra.

Em muitos textos, e no universo contemporâneo em geral, o carma é negado com base em argumentos lógicos ou filosóficos muito frágeis. Dizem que o carma não faz sentido; que é uma crendice arcaica, com pouca relevância para o modo atual de pensar; que não se pode ser um indivíduo com pensamento moderno e aceitar ideias cármicas; que o carma é mais uma superstição que precisamos desassociar das verdades que as tradições de sabedoria antiga podem oferecer. Essa atitude se reflete com frequência nos livros escritos hoje em dia, em que o tópico é omitido por completo ou é explicado como um tema menor, como uma questão inteiramente opcional. Pode-se ignorar o carma e apenas meditar. Chegamos a um ponto em que precisamos reavaliar se o carma é algo que pode ser desconsiderado com facilidade, em especial se somos praticantes do hinduísmo ou do budismo. Neste livro, irei argumentar que o carma é uma parte central e indispensável da doutrina budista, e continua a ser altamente relevante — não apenas como um conceito, mas como realidade.

A ideia predominante de que o carma é uma crença supersticiosa ou arcaica provavelmente decorre das versões simplificadas das teorias que surgiram na Ásia antiga. Em condições precárias, para pessoas sem instrução, os ensinamentos do Buda costumavam ser transmitidos de forma muito simplificada. As pessoas, naquelas circunstâncias, tendiam a expressar seu desejo de criar carma positivo fazendo rituais de oferendas para membros ordenados da sanga, ou adorando imagens do Buda, ou praticando cerimônias em santuários e relicários budistas, ou alimentando os pobres e assim por diante. Em um contexto moderno, o carma tende a ser associado predominantemente a este tipo de generalização, mais uma vez invocando uma imagem primitiva e supersticiosa. Também é, com frequência, ligado a estruturas sociais estáticas, visto como prejudicial para a motivação da população, e até mesmo usado como explicação para condições econômicas difíceis de certos países budistas. Esta leitura ignora histórias de sucesso econômico e social na Índia, no Sudeste da Ásia, na Ásia Oriental e em outros locais, regiões onde o hinduísmo ou o budismo têm sido relevantes. Além disso, ignora que muitos países cristãos permanecem paupérrimos, como as Filipinas e países da América do Sul e da África. Tendo esses fatos em conta, a lógica de uma apatia induzida pela religião pode ser facilmente relacionada à crença em Deus. Os indivíduos podem se sentir abandonados por Ele, com sinas predeterminadas ou algo que o valha.

O ensinamento do carma não envolve a aceitação do próprio destino. Não é uma ideia tão simples. O que irei abordar neste trabalho não é em nada simples. Vou demonstrar e, em seguida, apresentar o carma de forma filosófica profunda e desprovido de alguns dos seus falsos conceitos. Espero, então, que os leitores possam fazer suas próprias avaliações dessas ideias, com base em informações consistentes. Procurarei agregar à teoria cármica alguma credibilidade intelectual e valor. Em resumo, no fim das contas, como budistas, estamos tentando explicar por que sofremos, por que as coisas acontecem e por que devemos ser moralmente corretos. Se não estamos preocupados com tais assuntos, se eles são de pouca importância para nós, se não acreditamos no carma, então por que devemos nos esforçar com moralidade e tratar bem as outras pessoas? Para responder a essas questões, o restabelecimento do conceito de carma se torna uma aventura importante.

Alguns desafios culturais adicionais precisam ser superados na discussão do carma no contexto moderno, já que paramos de falar sobre questões éticas de maneira geral — não apenas questões específicas em torno do carma, mas sobre ética como um todo. Existe um nível cada vez maior de discussão em torno de direitos e justiça, sobre quem tem direito a que e quem merece participar de tal coisa. Porém, pouco se discute sobre comportamentos e tratamentos corretos a se adotar, sobre por que e como devemos viver juntos. Pode haver legitimidade nas reivindicações feitas em nome da justiça, mas o tempo dedicado a esse campo particular e a esse aspecto da ética está oprimindo todas as outras considerações. Os secularistas são, é claro, tipicamente avessos a participar do diálogo sobre ética por receio de que os fanáticos religiosos dominem a cena e se apropriem de toda a discussão, o que pode muito bem acontecer — logo, seus medos são compreensíveis! Por outro lado, existe um preço a ser pago por se desconsiderar a ética. Em relação à teoria cármica, que parece explicar porque devemos praticar a moralidade, não é necessário realmente apelar para ideias explicitamente religiosas e não há necessidade de mencionar Deus. Também não precisamos nos referir especificamente ao renascimento. É suficiente, no nível secular, discutirmos o desenvolvimento saudável do indivíduo, da comunidade e da sociedade.

Há, então, duas maneiras para um budista falar sobre o carma, no contexto atual: em termos religiosos e em termos seculares, de forma restrita. Muitas pessoas são altamente sensíveis à menor sugestão do que percebem ser fanatismo religioso ou ao que lhes parece uma tentativa de conversão a uma visão de mundo particular. Nesse caso, o tipo de linguagem precisa ser restrito — embora eu acredite que, certamente, há um elemento de hipocrisia nisso. Observa-se pouca moderação por parte de certas comunidades contemporâneas em suas vigorosas afirmações da "verdade" — todos deveriam acreditar nos méritos de um *ethos* democrático moderno, ou nas virtudes inegáveis das medidas de justiça social e assim por diante. Levanto esse ponto apenas para colocar o tema do carma no contexto contemporâneo, para não condenar a modernidade e favorecer as tradições budistas. Como muitos outros budistas, eu me sinto altamente afortunado por viver em um país democrático.

Curiosamente, existe uma compatibilidade real entre os ensinamentos do Buda e a perspectiva do mundo moderno. Por infelicidade, e com um tanto de ironia, a contribuição original do Buda para a teoria do carma tende a se perder no mundo de hoje precisamente devido à evolução contínua do pensamento popular no Ocidente. Muitas vezes ouvimos reações aos ensinamentos na linha de "Oh, sim, nós já pensamos mais ou menos assim". O pensamento moderno, de alguma maneira inadvertida, se alinhou aos ensinamentos do Buda. No entanto, se olharmos para a forma como as pessoas pensavam no Ocidente há cem anos, ganhamos uma perspectiva histórica muito mais precisa dos ensinamentos do Buda. Veríamos quão moderno ele era. Isso não significa propor que Buda foi o líder religioso mais moderno que chegou ao mundo nem qualquer coisa desse tipo, mas destaca o fato de que, apesar de ser uma pessoa que viveu em momento e contexto específicos, o Buda tinha muito a dizer sobre temas considerados modernos. Talvez, como budistas, possamos gostar de pensar que ele era mais do que um filho de seu tempo. Mas, seja qual for o caso, ele tinha uma perspectiva genuína em uma variedade de temas, grandes teorias que parecem ultrapassar limites e condicionamentos culturais.

Resumidamente, o Buda definiu o carma como "ação", no sentido de que nós mesmos somos responsáveis pela nossa própria condição no mundo, e que nossos pensamentos e ações atuais determinam o nosso futuro. Somos um produto de causas e condições — dito de forma simplista, somos o que somos devido a ações passadas. Como veremos, porém, a teoria do carma está longe de ser simples. No entanto, as críticas ao carma muitas vezes se concentram nessa noção de responsabilidade individual, sugerindo que ela produz uma atitude antipática em relação aos outros, e leva a uma tendência duvidosa de apontar culpas. Os pobres são culpados por serem pobres e assim por diante. O budismo é acusado, falsamente, de atribuir culpa aos indivíduos por todas as suas circunstâncias e negar outros fatores. Se somos pobres, por exemplo, se pode pensar, mais ou menos automaticamente, que vamos ficar assim até que nossa dívida cármica se esgote e, depois de morrer, poderemos então renascer em circunstâncias afortunadas, talvez como um rico empresário. Esse tipo de pensamento não pode, no entanto, ser conciliado com a ênfase do budismo na interdependência entre todas as coisas, que reconhece plenamente a fértil complexidade de influências sobre as pessoas, incluindo seu ambiente.

Sem dúvida, o budismo contém a ideia de uma acumulação de marcas e tendências cármicas, uma reunião de propensões ao longo de nossas vidas — os padrões de hábito se formam e assim por diante. Mesmo assim, isso não significa que simplesmente devamos esperar que uma marca cármica particular, dívidas e/ou heranças cármicas desapareçam, como se nada pudesse ser feito. A teoria cármica budista não tem nada a ver com fatalismo ou predeterminação. Nós temos escolhas reais sobre nossas ações. Se não tivéssemos, então a teoria cármica realmente produziria julgamentos e atitudes moralistas, e os ensinamentos do Buda seriam muito menos inspiradores e eficazes. A teoria cármica não tem atributos fixos desse tipo, e não está vinculada a uma ordem moral estática. Claro, um elemento de determinismo está envolvido e deve ser aceito. Nós somos quem somos por causa da nossa herança cármica. Nós não seríamos como somos sem ela, mas isso não significa que tenhamos de permanecer assim.

Mais importante é que a teoria cármica deve nos encorajar a pensar: "posso me tornar a pessoa que desejo ser, e não permanecer como sou hoje". Essa seria uma apreciação adequada da teoria budista do carma. Ao contrário, se dizemos "Oh, eu sou esse tipo de pessoa, sou preguiçoso e simplesmente não me sinto capaz de nada, acho que é o meu carma", se responsabilizamos o nosso carma, isso sim é nossa culpa! A teoria cármica, se considerada de forma apropriada, nos encoraja enfaticamente a progredir e a nos desenvolver para não ficarmos presos à culpa e a todos os tipos de mal-estar associados a ela. Como em geral fazemos isso, voltando repetidamente aos velhos padrões de pensamentos negativos, sempre há algo no fundo de nossas mentes nos assombrando — pensamentos como "será que eu sou bom o suficiente?", "será que estou me esforçando o suficiente?", "será que eu sou uma pessoa má?". Vários tipos de perguntas similares surgem e pensamos que precisamos delas para refletir e progredir, mas essa estratégia tem o efeito oposto de solidificar a dúvida sobre o "eu". Podemos nos desenvolver de forma muito mais saudável sem esta estratégia. No fim, esta é a verdadeira perspectiva budista do carma, que se refere a como alcançar a liberdade — como nos libertar de uma variedade de obstáculos e restrições cármicas.

Tudo isso está relacionado aos nossos sentimentos, emoções e personalidades. O que pensamos nos dias de hoje, de forma geral, não nos ajuda a avançar; ao contrário, nos detém. A teoria cármica nos mostra a nossa capacidade de queimar as sementes dos hábitos arraigados e torná-las impotentes. Na verdade, ela nos dá uma visão muito clara de como podemos pensar sobre nós mesmos, como podemos nos observar e reconhecer nossos hábitos e tendências particulares; ao fazermos isso, encontramos formas de agir diferentes e nos tornamos pessoas diferentes. Isso nos permite, em outras palavras, mudar o curso do nosso carma. Carma é um conceito que se concentra naquilo que constitui os indivíduos — aquilo que é inerente a eles, o que é coproduzido com os outros, bem como os condicionamentos desse "eu". Dado o entusiasmo por essas ideias no Ocidente, em muitas disciplinas, mas talvez especialmente na psicologia, é lamentável que a teoria cármica tenha atraído tão pouco interesse, pois ela parece estar diretamente associada à saúde do indivíduo condicionado. Individualização e autocompreensão são a sua própria base. Ela parte da análise da situação subjetiva, gerando vários meios de aprimorar o desenvolvimento individual. A teoria cármica incorpora métodos pelos quais os indivíduos podem trabalhar na direção de um caminho que os torne pessoas com profundidade, de valor, ou com alguma expressão. Por meio da prática da atenção plena, somos capazes de ver que tipo de padrões cármicos estamos criando e como entrelaçamos as nossas vidas com as dos outros. Infelizmente, é muito raro essa interpretação muito pessoal da teoria cármica ser ensinada dessa maneira no Ocidente.

A forma como a teoria cármica é hoje entendida é quase o oposto dessa visão altamente pessoal e íntima. O carma é visto como entidade abstrata e impessoal, como uma lei natural. Essa visão, sem dúvida, está ligada às suas associações históricas com outros sistemas de crenças, como o hinduísmo (cuja versão da teoria cármica é distinta). Contudo, o budismo difere de outros sistemas de crenças por não descrever nenhum ser divino criando ou mantendo a ordem do mundo. Não é necessário insistir na conformidade com uma ordem externa encontrada na natureza, no mundo, no cosmos ou em qualquer macrocosmo possível de se postular. O indivíduo não precisa lutar com uma ideia de julgamento externo. Não nos sentimos obrigados nem somos proibidos de fazer coisas por temor à depravação, pois não existem parâmetros fixos determinantes. Ao examinar o carma, é muito importante entender a ausência de um nível determinado de desempenho e a ausência de uma certeza sobre a avaliação de tal realização. No entanto, as noções budistas de carma são continuamente mescladas com outras interpretações. Assim, para esclarecer a posição budista, buscamos as antigas raízes das crenças abstratas e teístas sobre o carma.

As várias origens do conceito decorrem do início da mitologia indiana e do pensamento bramânico, encontrados principalmente nas escrituras clássicas indianas, como os Vedas, o *Mahabharata* e *Dharmashastra*. Também devemos comparar o pensamento sobre o carma no início do hinduísmo, no começo do budismo e, mais tarde, no budismo Mahayana. Essa história comparativa só pode ser realizada em pinceladas grosseiras, é claro, pois esta não é uma obra de história. Trata-se de um livro que emprega generalizações históricas para melhor compreendermos as várias interpretações de como o conceito do carma chegou até nós. As comparações não pretendem concluir, de maneira alguma, que certa versão do carma é superior. O objetivo aqui é apontar as diferenças de perspectivas.

1. As origens do conceito de carma

O significado literal de "carma" é ação — simplesmente isso: ação. Mas rastrear as origens desse conceito não é uma tarefa fácil. Estudiosos ocidentais têm lidado com esse desafio há muito tempo e existem diversas opiniões. Uma escola de pensamento sugere que a noção de carma surgiu com a chegada dos arianos à Índia, com o estabelecimento da civilização que falava sânscrito do Vale do Indo. Alguns contestam, acreditando que a ideia é anterior aos arianos, tendo surgido dos povos tribais da Índia, as sociedades pré-védicas. Mas, como um estudioso observou sarcasticamente, a terminologia "povos tribais" aponta para o quanto essa identificação é ilusória. Contudo, apesar das dificuldades, uma quantidade considerável de estudos mostra que o conceito foi concebido por nativos da Índia, em oposição à ideia de que o conceito teria sido importado de outras regiões. Parece que os ensinamentos dos Vedas não foram responsáveis por incentivar os indianos a pensar sobre o carma, mas sim que os indianos nativos já tinham uma ideia básica, posteriormente incorporada aos Vedas. Naturalmente, a ideia foi desenvolvida pelos próprios Vedas, mas, no início, e até mesmo nos Vedas, não havia associação entre ação cármica e reencarnação. Não se falava muito sobre a reencarnação, de fato, mas a ideia gradualmente evoluiu, com o carma assumindo mais uma dimensão moral.

Em sua fase inicial, o carma se referia a uma ordem universal fixa, semelhante à ideia ocidental de uma lei natural, e continha conceitos como castigos e regras divinos. A partir dessa ordem, surgiram ideias sobre a postura individual adequada e os deveres de cada um. Desobedecer a essa estrutura era considerado uma negação das obrigações do indivíduo, de seu dever cármico, e tal desvio era devidamente punido. Essa compreensão ainda prevalece nos dias de hoje. Além disso, as ideias iniciais sobre o carma incluíam o medo humano do caos, o tipo de caos que pode surgir da desordem, da permissividade e da confusão — revoltas em pequena e grande escalas, calamidades e misérias de todos os tipos. A humanidade era vista como sendo parcialmente natural e, ao mesmo tempo, parcialmente criada — tinha-se a ideia de um mundo organizado pela mente superior de um criador, como Deus. Longe de possuir a mente caótica e desorganizada, esse criador tem a mente profundamente ordenada e, portanto, sua criação (o mundo observável) era vista como sendo sustentada pela inteligência. O indivíduo devia se conformar com várias coisas nesse mundo concebido pelo criador. Nós não estamos discutindo crenças hindus neste ponto, mas sim o período anterior às religiões consolidadas do hinduísmo, do budismo e do jainismo como as conhecemos atualmente. Nas tradições não budistas daquela época, a teoria cármica e a noção de um deus criador eram quase sinônimos.

Podemos categorizar esse período como pertencente ao sistema de crenças bramânico, a fonte originária das ideias posteriores do carma. Essas variações iniciais da teoria cármica não focam no indivíduo de forma enfática, menos ainda do que as doutrinas que defendiam conformidade a um universo ordenado. Não havia noção de livre arbítrio nem escolha. O indivíduo tinha o dever de agir de acordo com sua posição e papel na ordem cósmica. Claro, o carma atua sobre o indivíduo nesses sistemas, mas a importância real dos atos individuais era seu impacto na família, na comunidade e no mundo externo. Focava-se essencialmente no conceito de desvio, não tanto no sentido sociológico moderno, mas no sentido pré-moderno de se desviar de uma forma específica de comportamento e de vida em relação ao mundo externo, ou em referência a um conceito de outro mundo, um mundo superior, com uma escala fixa de julgamento.

O significado de "carma" (ou seja, ação) nesse período inicial era bem literal, referindo-se à realização de sacrifícios pelos sacerdotes védicos — o cavalo era o animal de sacrifício preferido. Eles entoavam encantamentos, mantras e outros cânticos durante o ritual, provavelmente para atrair ou suplicar por algo benigno e para dissipar o mal. No início da tradição bramânica da Índia, respeitar o carma era uma forma de colocar as coisas em ordem. Se houvesse desarmonia ou conflito, seja no indivíduo ou no grupo, alguém convocava um sacerdote para realizar esses sacrifícios e colocar as coisas em ordem. A harmonia era restaurada assim, e não havia uma real conotação ou dimensão de moralidade vinculada a isso. Gradualmente, porém, as pessoas passaram a considerar a moralidade e a distinguir entre o carma positivo e o carma negativo. Assim, a palavra "carma" perdeu sua neutralidade. Evoluiu, então, para um conceito denso e complexo, centrado nas dimensões morais da vida do indivíduo e no bem da sociedade. Uma palavra que simplesmente significava "ação" se modificou para incluir noções de carma positivo, negativo e neutro, e continuou a se desenvolver nesse sentido.

Apesar da sua evolução contínua, nessa fase, a teoria cármica ainda era pouco sofisticada e bem diferente da atual visão budista. A transferência de carma, por exemplo, era considerada de forma direta e inflexível, sendo muito materialista, como podemos ver na seguinte passagem do *Mārkaṇḍeya Purāṇa*:

> Um demônio levou a esposa de um brâmane e a abandonou na floresta. O brâmane aproximou-se do rei e disse que alguém tinha levado sua esposa enquanto ele dormia. O rei pediu-lhe para descrevê-la, e o brâmane respondeu: "Bem, ela tem olhos penetrantes e é muito alta, com braços curtos e um rosto fino. Ela tem uma barriga flácida, com nádegas e peitos pequenos; é realmente muito feia — eu não a estou culpando. Ela tem a fala dura e não é de natureza gentil; é assim que eu descreveria a minha esposa. É horrível olhar para ela, com sua grande boca, e ela já passou do seu auge. Essa é a aparência da minha esposa, honestamente". O rei respondeu: "Basta dela; eu vou te dar outra esposa". Mas o brâmane insistiu que precisava proteger sua própria esposa. "Se ela não for protegida, surgirá confusão entre as castas e isso causará a queda dos meus ancestrais do paraíso". Então o rei partiu para encontrá-la.
>
> O rei a encontrou na floresta e perguntou-lhe como ela chegou lá; ela contou sua história, concluindo: "Eu não sei por que ele fez isso, porque ele não gosta de mim sexualmente nem me devora". O rei encontrou o demônio e questionou-o sobre seu comportamento: "Por que você trouxe a esposa do brâmane para cá,

viajante da noite? Ela certamente não tem nenhuma beleza; poderia encontrar muitas esposas melhores, se você a trouxe para ser sua esposa; e se a trouxe para comê-la, então por que não a devorou?".

O demônio respondeu: "Não comemos humanos; os que comem são outros demônios. Mas comemos o fruto de uma boa ação. (E posso dizer-lhe tudo sobre o fruto de uma ação ruim, pois eu nasci como um demônio cruel.) Não tendo honra, nós consumimos a própria natureza dos homens e mulheres; não comemos carne nem devoramos criaturas vivas. Quando comemos a paciência dos homens, eles ficam furiosos; e quando comemos a sua natureza má, eles se tornam virtuosos. Existem demônios femininos que são tão fascinantes e belos quanto as ninfas no paraíso; então, por que buscaríamos o prazer sexual entre as mulheres humanas?".

O rei disse: "Se ela não serve nem para sua cama nem para sua mesa, então, por que você entrou na casa do brâmane e a levou embora?". O demônio disse: "Ele é um brâmane muito bom e conhece os feitiços. Costumava me expulsar, sacrifício após sacrifício, recitando um feitiço que destrói demônios. Por isso, ficamos com fome. Então nós infligimos essa limitação sobre ele, pois, sem uma esposa, um homem não está qualificado para executar o ritual do sacrifício".

O rei disse: "Já que você mencionou que come a natureza de uma pessoa, deixe-me pedir-lhe algo. Coma a disposição maldosa da esposa deste brâmane imediatamente e, quando você o fizer, ela irá se tornar bem-comportada. Em seguida, leve-a para a casa de seu marido. Assim, você terá atendido aos pedidos de quem veio até a sua casa". Então o demônio seguiu os comandos do rei, entrou dentro dela por seu *māyā* e, com o seu poder, comeu a disposição da mulher para o mal. Quando a esposa do brâmane ficou inteiramente livre de sua disposição maligna, disse ao rei: "Por causa do amadurecimento dos frutos do meu próprio carma, fui separada do meu nobre marido. Este viajante da noite foi a causa (apenas a mais próxima). A culpa não é dele, nem do meu nobre marido; a culpa é minha somente e de nenhuma outra pessoa. O demônio fez uma boa ação, pois, em outro nascimento, fiz com que alguém se separasse de outra pessoa, por isso a separação de meu marido caiu sobre mim. Que culpa existe, nobre ser?". E o demônio tomou a esposa do brâmane, cuja disposição para o mal tinha sido purificada, e levou-a para a casa de seu marido. Em seguida, foi embora.[1]

Aqui o carma não é visto como a ação de um indivíduo, como é geralmente descrito no budismo, mas se refere à família de alguém — como marido, esposa, filhos e pais, e até parentes falecidos. A narrativa sugere que, se um indivíduo produz um evento negativo, isso causa grande dor e sofrimento não só para os vivos, mas inclusive para os seus ancestrais que residem no paraíso — e podem até descer de sua morada celestial. Existe, definitivamente, a ideia de boas e más ações que são literalmente transferidas entre as pessoas. Uma comunidade poderia ser vista como um único agente; então, havia um forte aspecto coletivo nesse conceito. Por meio de tais exemplos, podemos ver as raízes da matriz de ideias incorporadas na noção geral de carma. Algumas podem parecer muito estranhas, como a transferência de carma por gerações, mas precisamos ser cautelosos em nossas avaliações de tais coisas, pois ainda hoje, no Ocidente, podemos ver descendentes de colonizadores na África ou na Índia sendo culpados por ações de seus antepassados. A ideia de que o filho carrega os pecados do pai não é tão estranha para as pessoas da nossa época, e, de fato, é bem coerente com o estilo tradicional do pensamento ocidental. No entanto, é importante reconhecer o quanto esse pensamento era diferente em comparação com os dias de hoje. A identidade do indivíduo contemporâneo não está tão entrelaçada com a de outras pessoas, como a família, o clã e assim por diante. Nos relatos antigos, todos são afetados exatamente da mesma maneira, pois o indivíduo está vinculado à sua família genética; ele não pode se desatar desses laços.

As primeiras concepções do carma eram quase materialistas, com uma ênfase principal na interação física. A transferência de carma era concebida neste sentido materialista, e não no sentido espiritual. De fato, o carma não era quase nada espiritual, se resumindo a questões de longevidade ou riqueza e assim por diante. Se o filho cumprir o seu dever, então as bênçãos atingirão seu pai, sua mãe, sua família e seus antepassados; mas, se não cumprir e se comportar mal, tudo irá desmoronar, em algum momento, em todas as suas relações. Curiosamente, nesse entendimento, um indivíduo pode criar um carma que desfaz o carma de outros indivíduos, para o bem ou para o mal. Isso está diretamente relacionado com a visão materialista, o que, por sua vez, enfatiza questões como pureza e impureza, contaminação e poluição. Deve-se observar o que se come, ou tomar muitos banhos, já que esse tipo de limpeza passa a ser de vital importância. As ações de uma pessoa poderiam, literalmente, contaminar os outros, fazendo com que perdessem suas propriedades e bens. Mesmo virtudes e qualidades pessoais podiam ser roubadas; isso é parecido com a ideia de "olho gordo". Mais uma vez, não devemos desconsiderar completamente tais ideias, já que muitos ocidentais ainda acreditam nessas coisas de alguma forma. A ideia certamente continua forte na Índia, onde todos os tipos de encantos e amuletos são vendidos para proteção contra tais ameaças. Se alguém estiver sendo vítima de um "olho gordo", ou algo parecido, pode perder o trabalho, o marido, a mulher, a riqueza e assim por diante.

Nessa concepção do carma, o efeito de uma ação obviamente traz consequências importantes para o agente. O que é estranho para nós é a força relativa dos efeitos secundários de uma ação sobre os outros, efeitos extraordinariamente fortes, a ponto de as ações individuais quase não terem relevância — e poderem até ser anuladas. O contrário também é válido. As ações de alguém podem realmente transformar a vida de outras pessoas diretamente, tanto as vivas quanto as mortas. As interações entre deuses e demônios também são apresentadas desta forma.

À medida que a teoria cármica se desenvolvia, uma teoria sobre o renascimento começou a surgir e cresceu em importância no pensamento indiano. Isso parecia bem lógico, à medida que as pessoas tentavam explicar as coisas por meio de um paradigma cármico. Por que, por exemplo, alguns nascem em famílias ricas e outros em famílias pobres? Por que alguns são atraentes e bonitos, muito fofinhos desde bebês, e outros menos? Então, após o estabelecimento da teoria cármica como a colheita do fruto de nossas ações, a tendência foi estender esse princípio de responsabilidade para as vidas anteriores. Esse desenvolvimento não surgiria se as pessoas pensassem que a extinção as aguardava no momento da morte. Alguns poderiam pensar assim, mas a maioria das pessoas, no início dos Vedas, provavelmente considerava alguma forma de continuidade da vida após a morte. O conceito de renascer repetidamente, porém, não estava estabelecido. Como discutimos, o conceito de carma naquele momento se resumia ao contexto de clã e família. Os pais sofriam as desgraças causadas por seus filhos e filhas, ou o pai e a família sofriam ao não produzirem um filho homem. Tais eventos eram basicamente considerados como carma negativo. Mas a noção de renascimento, de renascer repetidas vezes, ainda estava por surgir — assim como a ideia de *moksha* ou liberação.

Duas formas de imortalidade acabaram se desenvolvendo: uma física e uma espiritual. A imortalidade física é obtida por meio da progenia e dos filhos, para explicar de forma simples. A imortalidade espiritual é alcançada pela existência de uma natureza dentro de si mesmo, a alma. Pode-se reencarnar muitas vezes, mas a alma não muda. É sempre a mesma. Se a alma alcançou a liberação ou não, se *moksha* é atingido ou não, continua a ser a mesma alma. Se alguém não alcançou *moksha*, continua a ter a mesma alma quando atinge *moksha*. Há uma analogia no *Bhagavad Gita*, o texto hindu mais famoso, que descreve o corpo como sendo a roupa que se veste, ou o figurino que usamos. Nós, em essência, permanecemos os mesmos, o mesmo ator no palco do samsara, mas mudamos de figurino. É apenas a forma que muda, mas a substância, que é a alma, não muda. Devemos esclarecer, no entanto, pelo que sabemos do início da tradição indiana, que a ideia de que nós mesmos renascemos muitas vezes é incorreta. Nós somos os mesmos, mas a forma é diferente.

Não há um renascimento exato de nós mesmos. A reencarnação tem mais a ver com a mudança de um lugar para outro, ou de aparência física — nos sentimos "novos", mas internamente ainda somos a mesma pessoa.

Seguindo a partir dos Vedas, devemos recorrer a dois dos principais épicos sânscritos da Índia antiga, o *Mahabharata* e o *Ramayana*. Mais uma vez, devemos lembrar que não havia, no pensamento indiano daquela época, nenhuma teoria unificada de carma e renascimento, mas existiam várias vertentes diferentes. O discurso e as definições eram comparativamente vagos e nada parecia ser uma definição clara e singular do conceito de carma. Demorou muito para a ideia de carma adquirir uma conotação moral, e foi necessário ainda mais tempo para ela se conectar à noção de renascimento e sobrevivência além da morte e a descrições da existência pré-natal e pós-natal.

Mesmo assim, o *Mahabharata* definitivamente oferece uma explicação mais clara de carma e renascimento em relação a tudo o que havia disponível antes. O texto tem fortes conexões com a cosmologia mais ampla das histórias indianas sobre a criação. A essência dessas mitologias é a seguinte: no início da criação, não havia o caos, mas energia — um redemoinho de energia viva e vibrante. Dessa energia surge *mahapurusha*, que significa "homem primevo". Essa história é contada com duas ênfases diferentes, uma pessoal e uma impessoal. Na primeira, a partir desse caldo cósmico original — um caldo de energia elétrica, ou algo parecido —, surge o homem primevo. A versão menos pessoal apresenta esse material primário de forma diferente, mas a ideia essencial é que, no início, havia um tipo de energia, uma energia que permeia o surgimento de todas as coisas posteriores, incluindo o renascimento. O homem primordial injeta essa energia em todos os outros seres vivos que vêm a existir, incluindo os humanos; portanto, todos os seres também estão interligados, cada um deles dotado do que se chama *jiva* ou essência da vida. *Jiva* também está diretamente conectada ao homem primevo. Podemos chamá-la de princípio vivificador dos seres vivos.

Jiva, a energia vital, precisa ser distinguida da mente, pois não são a mesma coisa. Na verdade, o corpo e a mente, ou o complexo corpo-mente de um organismo vivo, é dependente do princípio de *Jiva*. *Jiva* está conectada ao *mahapurusha*, o próprio princípio cósmico. Nesse contexto particular, não queremos vincular esta história da criação a uma relação entre masculino e feminino. É muito diferente de Adão e Eva, por exemplo. Não há "queda do paraíso" ou qualquer coisa semelhante. A história indiana revela um processo neutro, semelhante a uma explicação científica ou empírica, pelo menos no nível descritivo. Essa explicação não incluía a ciência nem nenhum julgamento. O ponto principal aqui é que o princípio cósmico, assim como todo o processo de criação, não é explicado exclusivamente de forma espiritual. Mais uma vez, se pode dizer que é um conto ou um conceito quase materialista.

Tudo segue esse princípio da criação. Quando os seres humanos se envolvem em atos criativos, o processo gerador ocorre em linhas semelhantes, havendo uma transmissão de energia. A influência dessa visão se estende muito além do *Mahabharata* e pode ser encontrada, por exemplo, nos relatos indianos tradicionais de como ocorre a concepção — a combinação do fluido masculino (branco) com o fluido feminino (vermelho) produz a concepção. Esses fluidos também são vistos como sendo vivificadores, com algo além do mero potencial de procriação, ou a capacidade de criar vida nova. Mesmo a capacidade de conceber uma nova vida surge da distribuição dessa energia, que é originada desse princípio. Essa ideia se aplica à morte também. Quando morremos, o *lung* (elemento vento) fica perturbado, conforme descrito no *Ramayana*. Se ocorre um pensamento sobre a morte, começamos a pensar: "Eu vou morrer". Nesse exemplo, o pensamento perturba o *lung* ou *prana* que, por sua vez, perturba os outros dois elementos de que precisamos para estar em equilíbrio: a fleuma e a bile. Quando nosso *lung* está perturbado, não comemos tanto quanto deveríamos ou comemos de forma irregular, por isso ficamos mais fracos; nosso nível de ansiedade aumenta e a morte se torna iminente.

É assim que a morte é explicada de forma sucinta. Começa com a perda de energia e o enfraquecimento do corpo. No entanto, mesmo em um corpo terrivelmente enfraquecido, *jiva* não é afetada. Não é influenciada pelo que acontece na mente ou no corpo. *Jiva* deixa o corpo-mente em um certo ponto, abandona sua moradia temporária, por assim dizer, e, assim, "nós" partimos. Mas a história não termina aí, pois, como há uma vida após a morte, no futuro, devemos encarar todos os nossos atos — seja o que for que tenhamos feito em nossa vida anterior. Nós temos que passar pelo processo pós-morte. O *Ramayana* parece indicar que devemos processar tudo em um tempo específico, o que não é descrito no relato budista do carma e do renascimento. Segundo esses relatos, os carmas residuais podem durar ou amadurecer durante muitas de nossas vidas. A analogia comum é a de um livro de contabilidade, o registro de uma espécie de dívida cármica que permitiria a recuperação do saldo na conta bancária do carma. Essa metáfora está presente em todas as literaturas indianas, por causa de suas antigas raízes comuns, e surge também na literatura budista.

Chegamos agora aos *Dharmashastras*, considerados textos importantes da tradição bramânica, nos quais o carma é discutido em relação a uma volumosa série de instruções sobre como viver e se comportar de acordo com a nossa própria casta (*varna*) — o nosso lugar na vida. Manu, em *Manusmṛti*, afirma: "A ação... surge da mente, da fala e do corpo".[2] Quanto ao tipo de ação mental que faria com que o carma surgisse, ele lista: "Cobiçar a propriedade dos outros, pensar de coração naquilo que é indesejável, aderir a falsas (doutrinas)".[3] Ele, então, lista quatro tipos de ações verbais que causam carma: "ofender (os outros), mentir, diminuir o mérito de todos, falar inutilmente".[4] Por fim, lista três tipos de ações corporais que geram carma: "tomar o que não foi dado, ferir (criaturas) sem a sanção da lei, ter relações sexuais ilegais com a esposa de outro homem".[5] Manu descreve de forma muito ilustrativa os resultados de tais ações em termos de renascimento e consequências cármicas. Por exemplo, por meio da ação mental, uma pessoa nasceria em uma baixa casta; pela ação verbal, nasceria como um pássaro ou animal; e, por causa de ação corporal perversa, nasceria como algo inanimado. Em certos aspectos, suas ideias se assemelham a visões budistas, em especial na ênfase da atividade mental como um dos principais veículos de originação do carma e na ideia de renascer como animal ou em diferentes reinos da existência. Tais concepções não são estranhas para o budismo, ainda que a literalidade e a assertividade das consequências descritas por Manu sejam muito mais avassaladoras. Além disso, nascer como algo inanimado (como uma planta, por exemplo) não é possível, de acordo com a teoria budista.

Os *Dharmashastras* afirmam que os seres vivos são governados por três princípios, chamados de *gunas*. *Gunas* são como qualidades, individualmente chamadas de *sattva*, *rajas* e *tamas*. *Sattva* significa bondade, *rajas* significa paixão e *tamas* significa escuridão. Nosso modo de ser é governado por esses três princípios. De forma aproximada, o princípio de *sattva* representa algo como um deus; *rajas*, um ser humano; e *tamas*, um animal ou uma besta. Por exemplo, Manu afirma:

> Como consequência do apego aos (objetos dos) sentidos, e em consequência do não cumprimento de seus deveres, os tolos, os mais baixos dos homens, têm nascimentos indignos.
>
> Em quais ventres essa alma individual entrará neste mundo e em consequência de quais ações — aprenda os detalhes desse processo em geral e sua devida ordem.[6]

Então, se alguém está vivendo uma vida governada pela bondade (*sattva*), por exemplo, pode renascer como três tipos diferentes de seres, cada um ligeiramente superior ao outro. Pode-se renascer como um asceta, como praticante de rituais ou como um brâmane. Há outras possibilidades que não precisamos mencionar.

Com a paixão, os *rajas*, o ser mais inferior em que se pode nascer é o humano, categoria ainda subdividida — o nível mais baixo seria um lutador (por dinheiro), o segundo nível seria um rei e o nível mais elevado seria um músico celestial. Novamente, dentro dessa categoria humana encontramos outra, em que se pode nascer como um dançarino, no nível mais baixo; como um mentor de reis, no nível médio; ou como um espírito de fertilidade, no nível mais alto. Um dos mais baixos nascimentos possíveis é o do viciado em jogos. Existem muitas tipologias e categorias dessa natureza no *Dharmashastra*. Sob esse aspecto, a definição é muito específica e particular. No reino da escuridão (*tamas*), um dos nascimentos mais baixos é o de um ser imóvel, variando desde estar quase vivo em forma não humana até nascer na forma de um elefante. O nível mais elevado nessa categoria da escuridão é nascer um ator, e um dos mais inferiores é o nascimento como animal doméstico ou, ligeiramente acima disso, como um tigre.

As piores ações possíveis, geradoras do pior tipo de carma, são, de acordo com Manu: matar um brâmane, roubar ouro ou algo valioso de um brâmane, beber o licor intoxicante chamado *sura* ou se envolver em adultério com a esposa de um guru. Nesse contexto, "guru" se refere a um professor de modo geral, como o mestre de um ofício ou habilidade tradicional, por exemplo. O roubo é particularmente abominável e as consequências para esse ato são descritas em detalhes, de acordo com a particularidade da ofensa. Por roubar uma vaca, por exemplo, pode-se renascer como iguana; por roubar melaço, pode-se nascer como um morcego; por roubar grãos, pode-se nascer como um rato; ou, por roubar carne, pode-se nascer como um abutre e assim por diante. Do nosso ponto de vista, devemos reconhecer que existe algum grau de correspondência nesse esquema elaborado: por roubar carne, nascemos carnívoros; por matar um brâmane, pode-se renascer como cão, porco ou burro; por beber vinho, pode-se nascer como inseto, como uma mariposa. Essas descrições são apenas uma pequena amostra do nível de detalhe encontrado no trabalho de Manu.

Os textos antigos valorizam o destino, e é por isso que, como temos discutido, a ação individual pode ter um poder aparentemente desproporcional ao afetar pessoas distantes do autor e do ato praticado. Vidas podem ser completamente alteradas, pela morte ou perda de riqueza, sem que as pessoas afetadas mereçam tal destino. Eles também estão em desacordo com o budismo na maneira como o processamento do carma é explicado. O *Mahabharata* afirma que processamos o nosso carma dentro de um período de tempo definido e não existe uma discussão real sobre a resolução das coisas, nem indicação da possibilidade de tratar os resíduos cármicos remanescentes em momentos posteriores, quando as circunstâncias e as situações apropriadas surgirem. O *Mahabharata* também afirma que, se tivermos sido abençoados e levarmos uma vida afortunada, mas não realizarmos qualquer sacrifício e não participarmos de qualquer atividade do darma, as coisas serão boas nesta vida, mas serão ruins na próxima; e se formos ascetas nesta vida, sofrendo dificuldades e privação de prazer, seremos recompensados na próxima vida. Embora existam paralelos com o entendimento budista, o tema permanece muito mais simplificado no *Mahabharata*. O budismo, ao contrário, enfatiza fortemente o fato de que carregamos um carma misto e processamos o nosso carma de forma gradual e crescente. Iremos explorar isso mais adiante, no próximo capítulo, no qual as visões budistas do carma são discutidas, incluindo a visão inicial do Sutra e a visão posterior do Mahayana. Até esse ponto, tentamos fornecer um contexto muito básico e um esboço da amplitude de pontos de vista sobre o carma, a partir do qual abordaremos a perspectiva budista. Em resumo, os textos indianos clássicos compartilham com o budismo algumas ideias comuns, bem como debates e tensões semelhantes em relação ao carma e ao renascimento, mas também existem grandes diferenças entre essas duas vertentes.

2. A visão do Buda sobre o carma

O Buda trouxe uma enorme contribuição sobre o tema do carma, tópico que lhe era muito importante. Ele acreditava no carma e acreditava que ele mesmo se tornou um Buda pelas ações de suas vidas passadas e por meio da confluência de várias causas e condições. Alguns estudiosos sugeriram que a noção de carma não é, de fato, rastreável até o Buda, e afirmam que é uma reflexão posterior, trazida por seus seguidores. Não há confirmação textual para essa reivindicação, e as evidências apontam para o contrário. É um problema que, em parte, decorre da incapacidade dos estudiosos modernos de conceber as impressionantes faculdades da memória dos antigos povos orientais. Eles não tinham escolha senão guardar enormes quantidades de informação na memória — um talento estimulado culturalmente e que permanece até hoje.

Seja como for, o cânone budista foi composto logo após o *parinirvana* do Buda (após a sua morte), e praticamente não existe dúvida de que ele próprio falou diretamente sobre carma. Podemos ter real confiança na autenticidade e na veracidade das palavras contidas nas "Três Cestas" do budismo, as três categorias principais do cânone budista, que são o Vinaya (regras monásticas), os Sutras (discursos do Buda) e o Abhidharma (metafísica, filosofia, lógica e seus ensinamentos sobre assuntos como medicina).

Muitos estudiosos acreditam que o Vinaya e os Sutras são coleções anteriores ao Abhidharma. Nesta discussão inicial dos ensinamentos de Buda sobre o carma, vamos privilegiar os textos dos primeiros Sutras. Esses discursos foram feitos e são preservados em páli, língua morta do grupo do sânscrito.

Claro, sempre há debate sobre coisas que aconteceram há muito tempo, e os estudiosos questionam se o Buda pensou em carma por conta própria — "do nada", por assim dizer — ou se foi influenciado por outras vertentes de pensamento, como as linhas védicas e brâmanes. Outros comentaristas definitivamente sugerem que ele foi o criador desse conceito. Na verdade, parece provável que o Buda estivesse familiarizado com outras teorias sobre o carma existentes na época, mas isso não é de óbvia importância. O que realmente importa é que ele acreditava no carma e tinha muito a dizer sobre o assunto. Ele simplesmente não se apropriou das ideias existentes e as incorporou ao seu próprio sistema, mas deu ao conceito uma interpretação radicalmente diferente e, em essência, falou sobre o tema de forma sistemática, sem precedentes. Em nenhuma outra fonte, por exemplo, seja o *Mahabharata*, os Vedas ou os *Upanishads*, encontramos uma descrição sistemática ou uma filosofia do carma. Sequer podemos encontrar nos Vedas e no *Mahabharata* uma descrição explícita da natureza humana. Essas fontes, como já vimos, consideram uma natureza humana baseada nos antigos mitos da criação, que definem o homem em relação à sua linhagem familiar, em especial a linhagem paterna. Segundo essas linhas, a natureza individual é, portanto, definida por fatores não relacionados ao indivíduo. Em seguida, iremos olhar o pensamento do próprio Buda sobre a natureza humana, pois muita coisa depende disso.

As ideias do Buda sobre a natureza humana diferiam de outras existentes em seu tempo. Ele manteve os entendimentos físicos prevalecentes na época, que viam o corpo como composto por cinco elementos: terra, fogo, ar, água e espaço. Claro, isso não significa literalmente que nosso corpo seja composto de terra e que exista um fogo queimando dentro do corpo, ou que nossa respiração seja realmente um vento soprando e assim por diante. Refere-se às qualidades dos elementos: solidez, calor, a necessidade de líquido no corpo, a necessidade de oxigênio por meio do prana e da respiração, e o espaço essencial criado pelas cavidades entre os órgãos internos. Como sabemos, se esses espaços são preenchidos devido a alguma doença, se houver vazamentos, bloqueios ou se não pudermos respirar, nós morremos. Quando esses cinco elementos estão presentes, o corpo mantém sua natureza coesa; mas quando eles falham em algum nível, o corpo começa a se desintegrar.

Essa ideia é muito antiga, preexistente ao Buda, mas ele acreditava nela e aceitou este aspecto corporal de um ser humano, que é denominado "forma". No entanto, além do corpo, o Buda acrescentou sensação, percepção, formações mentais e mente, conhecidos como cinco amontoados*, ou *skandhas*. Essa era uma ideia completamente nova, pois, até então, as pessoas consideravam o

---

* Nota do editor: *Skandha*, geralmente traduzido como agregado, foi traduzido neste livro como amontoado, conforme sugestão de Lama Karma Tartchin, que também sugere a tradução do 5º skandha como "mente", em vez de consciência. O termo "mente" transmite a ideia de um conjunto de consciências (dos sentidos).

indivíduo como uma entidade integrada, com base na filosofia dualista de uma substância separada de mente/corpo — uma crença em algum tipo de princípio, como *jiva*, ou a alma. Não budistas ou não seguidores do Buda, como podem ser chamados, acreditavam em um corpo e mente e, também, em algo extra. O corpo e a mente andam juntos, e essa entidade extra (*jiva* ou *atman* ou seja lá qual for o seu nome) permanece separada e eterna, enquanto todo o resto se esvai. O Buda não pensou que corpo e mente se juntassem e, de alguma forma misteriosa, se combinassem com outra entidade separada. Ele questionava a existência de *jiva*, na medida em que *jiva* parecia não realizar qualquer tipo de função mental. *Jiva* não nos ajudava a ver, cheirar, saborear, tocar, andar, planejar, lembrar-se de coisas ou qualquer outra função.

Rejeitando ideias obscuras de uma entidade adicional anexada ou adicionada à combinação de mente/corpo, da qual não havia realmente qualquer descrição precisa e consistente, o Buda propôs que a melhor maneira de entender a nossa natureza era vê-la como sendo constituída por muitos elementos. Ele sugeriu, de forma muito pragmática e resumida, que prestássemos atenção em nós mesmos, coisa que até então nunca tinha sido falada, com algumas exceções. Esse tipo de olhar, para dentro, exigia uma meditação sistemática até então pouco conhecida. Por meio da introspecção, da análise introspectiva, pode-se dizer, o Buda descobriu uma maneira de entender a nossa própria natureza pela observação de seus diferentes elementos. Então, por exemplo, observamos nosso corpo para entender o seu funcionamento e, de forma semelhante, observamos nossas sensações para ver como elas operam, e nossas percepções para entender como percebemos as coisas. Observamos nossos impulsos e nossas tendências volitivas para determinar como contribuem para a criação de certos hábitos fixos e assim por diante. Em outras palavras, observamos tudo com atenção aos detalhes, vendo, por fim, nossa preferência por algumas coisas — por meio da busca de contato repetido com elas —, ou querendo ver algo com regularidade ou sentir novamente um certo cheiro. Da mesma forma, observamos a consciência, aquilo que reconhece todas essas coisas, aquilo que afirma: "estou tendo essa experiência" ou "estou percebendo isso" ou "estou me sentindo assim"; ou percebemos a disposição para certas experiências agradáveis dos sentidos, ou ainda que temos aversão a experiências perceptivas desagradáveis ou das sensações.

Observações dessa natureza são a base para a meditação da visão profunda (*vipassana*). Ela requer que se observem atentamente essas coisas. Quanto mais nós prestamos atenção aos nossos pensamentos e sensações, mais nos aproximamos do estabelecimento da meditação vipassana. Então, mesmo durante nossos pensamentos, sensações e emoções, à medida que os experimentamos, se prestarmos atenção, estamos em meditação vipassana. O que não é muitas vezes reconhecido, porém, é que não ficamos simplesmente envolvidos em uma observação passiva, mas também fazemos conexões e interconexões, observando como vários fatores influenciam um ao outro — por exemplo, como nossas sensações realmente orientam o que vemos, ou como nossas sensações direcionam a nossa audição para o que realmente ouvimos em qualquer momento. Afinal, duas pessoas podem estar na mesma sala e uma pessoa ouvir uma coisa enquanto a outra ouve algo distinto. Se uma terceira pessoa estivesse presente, poderia nem ouvir nada. Portanto, fazendo conexões desse tipo, nós compreendemos como as coisas estão realmente acontecendo. Mais uma vez, isso não é apenas observar as coisas isoladamente, sem fazer conexões. Esse é um erro bem comum. Uma meditação com foco reduzido pode ajudar com a nossa concentração, mas não irá nos trazer nenhuma informação nova e, assim, não nos dará nenhuma perspectiva nova. Estaremos apenas assistindo nossos pensamentos. Por outro lado, se continuamos observando as interconexões se desenrolando, notamos como nossas percepções sensoriais afetam nossos padrões de pensamento, nossas sensações e nossas emoções, e como cada um desses elementos se influencia mutuamente.

É por meio da observação consciente que conseguimos ver a amplitude de todas essas atividades. Percebemos que nossos pensamentos sobre nós mesmos e a maneira como pensamos sobre nossas ações — e o modo como interpretamos o seu impacto sobre nosso ambiente e sobre os outros — estão sempre mudando. Estamos, então, sempre dentro de um contexto dinâmico. Não há uma entidade fixa além disso. O Buda não acreditava em algo como uma alma permanente. Era enfático nessa negação. Ele concebia um tipo operacional de "eu", porém não um "eu" permanente. Para o Buda, um indivíduo era fisicamente composto pelos cinco elementos e, psicofisicamente, pelos cinco amontoados (*skandhas*). Por meio de uma observação interior disciplinada, podemos ter a experiência dessa composição em detalhes e concluir, sem dúvida, sobre a inexistência de qualquer natureza fixa, sobre a ausência de um "eu" fixo. Portanto, quando dizemos que um determinado indivíduo cria carma, isso não significa que um indivíduo com uma natureza fixa, tendo um "eu verdadeiro" interno, cria carma. Isso contrasta fundamental e radicalmente com as literaturas indianas clássicas, nas quais se diz que o corpo é como a casca, e a mente, *jiva* ou *atman,* como o grão. A casca pode ser retirada para expor o grão. Portanto, para seguidores dessa ideia, *atman* é considerado responsável por todas as nossas ações. As consequências dessas ações, ou seja, qualquer tipo de ação cármica realizada, são tidas como resultado desse núcleo sólido.

O Buda questionou radicalmente a visão bramânica sobre o carma, como tipificada em textos como o *Dharmashastra,* que sustenta que as pessoas nascidas com alto status ou "nascimento elevado" são necessariamente merecedoras de seu status. Aqui, a nobreza é um direito de nascimento. É a casta que determina tudo. Aqueles nascidos em uma família pobre ou em uma casta inferior são automaticamente desprezados, têm reconhecimento social negado e sua chance de progredir socialmente é bloqueada, independentemente do mérito de suas ações e da qualidade de seu caráter. O Buda discordava profundamente disso e era firmemente contrário à noção de que alguém fosse nobre pelo simples fato de nascer na família certa, bem como à ideia de que um nascimento elevado representa um estado fixo. No *Sutta Nipata* (3.9, 55-57, 60-61), ele afirma:

> Na verdade, a designação, o nome e o clã neste mundo surgem aqui e ali, definidos por convenção. Os ignorantes nos dão essa opinião sem fundamento, latente por tanto tempo, de que uma pessoa se torna um brâmane pelo nascimento. Uma pessoa não se torna um brâmane nem não brâmane pelo nascimento, uma

pessoa se torna um brâmane por carma, ou se torna um não brâmane por carma. O sábio vê a verdade na ação do carma, são os observadores da originação dependente, aqueles que conhecem os resultados dos atos. O mundo opera pelo carma, a humanidade opera pelo carma, as ações prendem os seres como um pino de eixo na carruagem que se move rapidamente.

Mais uma vez, Buda enfatizou as ações individuais mais do que era definido nas versões mais tradicionais sobre o carma, que enfatizavam o clã e consideravam a interconexão das consequências cármicas somente dentro dos membros da família: o pai sofre por causa do filho, o filho sofre por causa do pai e assim por diante. Essa foi uma realização importante e uma visão totalmente única e nova até aquele ponto. Ele não tinha uma baixa consideração pelos brâmanes nem tinha objeção a eles por razões de justiça social. Ele apenas equiparou a boa sorte de nascer brâmane com qualquer outro tipo de boa sorte, como nascer rico, bonito ou forte. Não é o nascimento nem a situação prevalecente ao nascimento que importam, mas sim qual é a causa de alguém nascer rico, bonito ou forte. Nascer um brâmane pode ser uma coisa boa, mas se deve às ações passadas do brâmane, não ao seu nascimento; isso que fazia a diferença. De alguma maneira, os brâmanes fizeram coisas boas em uma vida anterior, ou nas vidas anteriores, e essas ações resultaram nas circunstâncias favoráveis do presente. Mas, fundamentalmente, eles não são diferentes de todos os outros. O ponto central para o Buda é que nos tornamos nobres por meio de nossas ações. Portanto, desenvolvendo um bom caráter e cultivando as faculdades mentais e espirituais necessárias, nos tornamos nobres. Mesmo um indivíduo pobre e sem poder é um ser nobre se levar uma vida digna; e, inversamente, uma pessoa rica e poderosa é deprezível se levar uma vida indigna.

O Buda pensava que todos tinham a oportunidade de ser excelentes e que se tornar um brâmane, um verdadeiro brâmane ou pessoa nobre, e não que isso fosse resultado de uma linhagem. Era resultado de boas ações e de uma vida vivida de forma adequada, uma vida boa no verdadeiro sentido do termo. Parafraseando uma passagem em *Anuttara Nikaya*: "Se alguém fez boas ações e viveu de forma adequada, então ninguém pode impedir este indivíduo de ter uma vida abençoada, o que certamente acontecerá. Fica-se protegido mesmo das catástrofes naturais ou de outras calamidades". Neste sutra, ele afirma que ninguém pode tirar de nós as nossas boas ações, o que é importante, pois é exatamente isso que o *Mahabharata* considera, como vimos — que os frutos de nossas boas ações podem ser tomadas. As pessoas continuam a acreditar nessas coisas, mesmo no Ocidente, mas o Buda declarou categoricamente que isso não pode acontecer, e parece ter reforçado esse tópico para aliviar os nossos medos. Ao contrário das ideias convencionais do seu tempo, o Buda não considerava o carma como uma lei inexorável e quase mecânica em operação. Em vez disso, deu elasticidade ao mecanismo causal de sua operação. Em outras palavras, uma causa existente não significa necessariamente que produzirá um efeito, ou que esse efeito ocorrerá na proporção exata e direta da causa.

O Buda empregou continuamente o exemplo de sementes em seus discursos, uma analogia muito antiga, talvez por causa de sua ótima semelhança com as características fluidas de causa e seus efeitos cármicos. Existem outras analogias, mas nenhuma tão adequada. Primeiro, deve haver um ambiente adequado para a semente brotar — a quantidade correta de umidade, sol, condições do solo e assim por diante —, e ainda assim a germinação não poderá ser determinada com precisão, nem a duração desse evento. É possível que a semente não produza nenhum efeito — o broto pode não se manifestar, mesmo após a semente ser semeada em um ambiente aparentemente perfeito e cuidado com o maior carinho. Existem todos os tipos de variáveis nessa analogia, mostrando que o carma não é uma operação mecânica inequívoca. Em termos da criação mental do carma, também deve haver um ambiente correto para que os nossos pensamentos — as sementes cármicas — se enraizem. O ambiente, nesse caso, é muitas vezes representado por nossa atitude mental em geral e por nossas crenças. Então, quando um novo pensamento surge na mente, o que acontece com esse pensamento depende da condição mental daquele momento. Se esse pensamento vai criar raíz e florescer, ou se tem poucas possibilidades de sobrevivência, depende desse ambiente. Assim, uma das razões para o uso até hoje da analogia da semente é a imprevisibilidade do que acontecerá depois de plantarmos uma semente. Uma semente pode falhar ou pode produzir apenas um efeito muito fraco, como um arbusto insípido. Também pode se tornar algo que começa e cresce de forma selvagem, como uma erva daninha. Muitos dos nossos pensamentos e sentimentos existem desta forma, dependendo do ambiente. Por exemplo, um pensamento que entra em nossa cabeça quando estamos de mau humor ou deprimidos será contaminado por esse humor. Mesmo pensamentos positivos terão um aspecto negativo associado a eles — é assim que o carma funciona. A semente cármica é plantada e, então, dependendo das condições, pode permanecer adormecida por um longo período ou pode germinar em um período mais curto. Portanto, o efeito não precisa ser uma cópia direta de sua causa, por assim dizer. Não há uma correspondência necessária ou direta entre a causa original e o efeito subsequente. Existe uma variância [estabilidade] envolvida, o que pode significar que existe invariância [instabilidade] também, num contexto particular.

Embora cada indivíduo, independentemente de seu comportamento, carregue o fruto de suas ações, sempre haverá variações e elasticidade incorporadas ao funcionamento do carma. Por exemplo, no *Samyutta Nikaya*, o Buda afirma que nem mesmo indivíduos que cometam coisas terríveis quando vivos irão necessariamente para o inferno. Essa é uma ideia muitas vezes vista como moderna, mas pode ser encontrada neste sutra. O raciocínio aqui é que, dentre todos os nossos pensamentos ao longo de nossa vida, é de importância primordial aquilo que pensamos no momento da nossa morte. O que é abordado aqui é a qualidade e a profundidade de nossa sinceridade quando fazemos um balanço de nossa vida: refletindo e revisando nosso passado, lamentando certas coisas, desejando que pudéssemos ter feito melhor aqui e ali, e assim por diante. Embora não haja nada a ser feito nessa fase, é importante refletir dessa forma. Esses são apenas exemplos dos tipos de palavras e pensamentos que podemos usar, é claro. Um budista pode refletir apreciando o Buda e seus ensinamentos e as poucas oportunidades que ele ou ela tiveram para praticar a meditação ou seguir o caminho espiritual. Ou podemos refletir sobre um momento em que fomos gentis com alguém, ajudamos um vizinho ou vice-versa. Refletir sobre esses tipos de pensamento, de acordo com o budismo, atenua significativamente as circunstâncias da vida de alguém. Claro, a atitude oposta, a amargura, é muito inauspiciosa. Pensar: "Por que estou morrendo? Meu amigo é muito pior do que eu e ainda está vivo e bem!". Esse tipo de atitude não ajuda em nada.

Como vimos até aqui, duas das principais afirmações do Buda sobre o carma são o fato de que somos pessoalmente responsáveis por nossas ações na vida e que as consequências dessas ações não são fixas. Mesmo se produzirmos negatividades não seremos necessariamente condenados, seja ao inferno ou a algo semelhante. Podemos fazer correções no momento da morte. Além disso, o próprio inferno não é um lugar permanente no budismo; ele também é temporário. Em terceiro lugar, ele enfatizou fortemente a ideia de que o caráter é um ingrediente crucial do nosso carma. Enquanto estamos vivos, devemos pensar sobre o tipo de pessoa que estamos nos tornando. Não é apenas a ação realizada que é importante, mas também a formação de caráter que a acompanha. Claro, caráter tem a ver com a acumulação das chamadas disposições cármicas, uma parte dos primórdios da filosofia budista. No entanto, na tentativa de desenvolver certos traços de caráter, um indivíduo se torna uma pessoa diferente por consequência de seu esforço — isso é algo que não foi afirmado de forma explícita nos sutras, mas que está indicado neles. Mais uma vez, se relaciona à ideia de *anatta*, a ausência de um "eu" fixo por parte de quem realiza a ação. Na linguagem moderna, podemos dizer que não se trata de tentar descobrir "quem eu sou", como se fôssemos algo fixo, ou "quem eu sou realmente". Todo o motivo de nossa existência é aprender a ver as coisas de forma diferente, sentir as coisas de uma maneira diferente. Retornamos aos cinco amontoados (*skandhas*) neste ponto — ver e sentir as coisas de forma diferente, tomar conhecimento das coisas de forma diferente e tentar desenvolver diferentes disposições (que surgiriam de qualquer maneira). Assim desenvolvemos o caráter necessário para realmente ter plenitude nessa vida, o que também nos ajudará na próxima vida.

O tipo de caráter associado a uma vida budista é frequentemente imaginado como austero, com poucos recursos e com uma visão firmemente direcionada a uma recompensa futura, com a obtenção de uma próxima vida cheia de bençãos. O Buda não era particularmente um incentivador desse ideal, mas enfatizou a noção de caráter que, em essência, se baseia na ausência de um "eu" fixo. Se alguém cometer atos terríveis nesta vida e depois vier a se arrepender profundamente, então se tornará um nobre. Se uma pessoa de alto nível, considerada nobre, permanecer arrogante e pretensiosa ao longo de sua vida, se entregando aos vícios associados a esta postura, então essa pessoa não é verdadeiramente nobre. A noção de ausência de um "eu" fixo significa apenas isso. É assim que se constrói caráter. Devemos lembrar mais uma vez que a maior parte da literatura no tempo de Buda abordou o carma apenas em termos de ação, o que, sem dúvida, implica em reconhecer que ações específicas produzem certos frutos, mas a noção de construção de caráter, de deliberadamente construir o tipo de pessoa que deveríamos nos tornar, não estava presente. A abordagem tradicional, como vimos, estava focada em cumprir o dever, realizar sacrifícios, rituais etc. Para o

Buda, as ações que realizamos individualmente são aquelas pelas quais devemos ser responsabilizados, e não as ações de nossos familiares ou de nosso grupo social.

No entanto, nem tudo o que experimentamos se deve ao carma. Esse é outro aspecto novo trazido pelo pensamento do Buda e um tanto negligenciado. O Buda não afirmou que a totalidade da nossa experiência é consequência do que fizemos antes, seja ela agradável ou desagradável. Podemos experimentar coisas pelas quais não somos responsáveis. No fim das contas, o que importa é a maneira como lidamos com as coisas, e isso é um reflexo do caráter. Procuramos nos desenvolver, então não ficamos problematizando, pensando "este sou eu de fato?" ou perguntando "quem eu sou realmente?". Em vez disso, tratamos de observar todos os aspectos de nós mesmos e, em seguida, trabalhamos coisas específicas. "Como eu me sinto? Como percebo as coisas?". Refletir dessa maneira é muito mais eficaz. Reconhecer as muitas coisas que ocorrem dentro de nós e as coisas que acontecem conosco nos ajuda a desenvolver o nosso caráter e a nos tornarmos pessoas mais fortes. Nesse ponto, podemos então agir como nobres. Portanto, uma pessoa nobre é aquela com caráter e uma pessoa ignóbil carece de caráter.

O Buda era um professor muito prático. Ele foi abençoado com uma ótima visão, é claro, e explorava ideias metafísicas, mas seu pragmatismo nunca ficava perdido em abstrações. Na verdade, o carma e o renascimento certamente podem ser considerados temas metafísicos, mas ele os fundamentou de forma empírica, naquilo que podemos experimentar. A grande diferença na contribuição do Buda está na forma como ele combinou a metafísica com a experiência cotidiana. Em vez de falar de forma abstrata sobre a alma, sobre as viagens da alma ao longo de diferentes vidas, ele estava mais interessado na forma como experimentamos as coisas em nossa vida cotidiana.

Quando o Buda afirmou que podemos nos tornar pessoas nobres ou ignóbeis, isso indicava um tipo de morte e renascimento. Podemos nos tornar alguém muito diferente do que éramos antes. Por outro lado, muitas vezes ficamos completamente presos à noção de um "eu" fixo, profundo. Se fosse assim, toda a noção de autotransformação seria insustentável, irreal. Seria uma mudança superficial, análoga a uma mudança dos figurinos de um ator, que é exatamente a metáfora usada na visão tradicional eternalista, como sabemos. O Buda, ao rejeitar toda a visão eternalista de seu tempo, dizia que o ator e o figurino são a mesma coisa. O indivíduo é aquilo que ele está representando. No entanto, nós nos apresentamos, nos projetamos — isso é o que somos. Isso é tudo de que precisamos, de acordo com o Buda; não há necessidade de algo "extra".

O executor da ação não é um agente dissociado de sua ação. Comumente, porém, pensa-se que os atos de alguém e o agente responsável pelas ações estão separados — as ações são uma coisa e o agente (o ator) é algo diferente. Parece plausível, em certo sentido, pois um único agente executa muitas ações diferentes enquanto permanece, aparentemente, sem grandes mudanças de aparência ao longo de sua vida. O Buda discordou inteiramente disso, sustentando que o agente e a ação estão entrelaçados, por assim dizer. Os agentes são transformados pelas ações que realizam. As ações em que nos envolvemos, as atividades cármicas, produzem efeitos sobre os próprios agentes. Há, sim, influência mútua aqui, e agentes estáveis não realizam diferentes formas de ação enquanto permanecem inalterados. Essa era uma ideia radical para aquele tempo, como já discutimos, em comparação com o pensamento indiano prevalecente, que sempre posicionou o agente como sendo o mesmo e apenas as ações como algo passível de mudança.

Para reiterar, o "carma", basicamente, significa ação. Quando falamos sobre carma, falamos de ação, o que no budismo implica pensar em termos de causa e efeito. As ações são realizadas porque existem certas causas e condições preexistentes que originam o impulso para nos envolvermos em ações específicas e, a partir disso, o efeito cármico surge. Na realização das ações, geralmente existe um fator de propulsão. Nós nos sentimos instigados a realizar certas ações e, quando nos envolvemos nessas ações com base nesses impulsos, as ações produzem efeitos relevantes. Como já vimos, isso não significa que cada ação realizada tenha uma causa e um efeito particulares. No entanto, a teoria budista do carma está irrevogavelmente ligada a este mecanismo, por falta de uma palavra melhor e, portanto, a responsabilidade é do indivíduo, em oposição a um tipo de governança divina. Para citar o próprio Buda:

> No domínio dos meus próprios atos, sou o herdeiro desses atos, familiar aos atos, tomo refúgio nos meus atos. Qualquer coisa que eu faça, positiva ou negativa, se tornará a minha herança — isto deve ser repetidamente contemplado pela mulher e pelo homem; pelo chefe de família e por aquele que foi aceito pela ordem.[7]

O Buda descreveu radicalmente o indivíduo como sendo composto por muitos elementos físicos e mentais distintos — um complexo psicofísico. Portanto, nossas sensações, pensamentos, emoções, memórias, caráter, nossa capacidade perceptiva, nossas capacidades cognitivas e nossas condições físicas, todos estão constantemente interagindo e impactando uns aos outros.

E os próprios agentes também estão interagindo continuamente com outros agentes. Logicamente, então, não precisamos nos sentir compelidos a nos identificar com uma única coisa, um elemento central para a nossa psique, pois realmente estamos em um constante estado de fluxo. Nesse sentido, pode-se dizer que o carma opera como fluxos de processos cármicos interconectados, nos quais todas as formas de vida estão envolvidas. O que é fundamental para entender essa abordagem é olhar atentamente para as coisas, pois as coisas, em sua natureza, são complexas. Reconhecer isso nos trará grande recompensa, conhecimento real. Fazendo o contrário, ao olhar as coisas de maneira muito simplista, ficamos presos na ignorância.

O Buda acreditava completamente nisso. Por isso, o darma, nesse contexto, significa literalmente "os ensinamentos que iluminam os darmas ou os fenômenos". Aqui, o termo "darmas" se refere aos elementos, aos fatores físicos e mentais que constituem o nosso ser, à nossa existência em geral. Por meio dessa interconexão dos darmas, o agente e a ação estão completamente vinculados entre si, no conceito do carma. O Buda desafiou de forma única o nosso senso comum de haver um agente existente sem referência às suas ações, e contestou o paradigma unidirecional de a ação ser subordinada ao agente. Segundo ele, nos tornamos o que somos como resultado do que estamos fazendo, e, portanto, aí está a grande ênfase na importância do carma, da ação no sentido mais amplo. Disso decorre também que, se não pensarmos sobre o carma, não poderemos, realmente, ser budistas, pois não seremos capazes de nos relacionar totalmente com o que ou quem somos como indivíduo.

Ao vermos todas essas coisas em jogo, nos tornamos pessoas diferentes — esse, afinal, é o motivo de embarcarmos no caminho budista, em primeiro lugar. Na verdade, não teríamos tomado esse caminho se não tivéssemos sentido uma grande variedade de desequilíbrios e conflitos ocorrendo dentro de nós — uma situação que expressa a própria multiplicidade de elementos diferentes da nossa personalidade. Na verdade, talvez nunca estejamos realmente convencidos de encontrar "a nós mesmos", mesmo que fiquemos no Himalaia meditando durante anos, pensando em liberar todos os nossos apegos e bagagens, descartando todo tipo de coisas e, por fim, alcançando o êxtase em um grande momento de descoberta. Mesmo desse modo, nesse cenário muito real, no fundo pode permanecer uma dúvida perturbadora de que possamos estar nos enganando. O Buda pensou que a verdade sobre a identidade é muito maior do que isso. Ele diria que é muito mais produtivo e esclarecedor buscar maior certeza ao lidarmos com as coisas, pois assim realmente poderemos ver como somos.

Essa interconexão entre todas as coisas é denominada «originação interdependente», no budismo. Como tudo surge de forma interdependente, não temos a perspectiva de um agente solitário realizando uma variedade de ações, mas a de um indivíduo complexo e multifacetado envolvido em muitos papéis, em um mundo muito complexo. Esse é o núcleo real de tudo, e é realmente o que está por trás da grande ênfase na prática de atenção plena e a qualidade de se estar consciente, pois se as coisas fossem simples em si, não haveria necessidade real de dar muita atenção a elas. Se fosse assim, poderíamos continuar escavando continuamente esse núcleo simples da verdade que, uma vez encontrado, promete nos envolver em algum tipo de bem-aventurança e percepção sem medida. Em vez disso, Buda ensinou que aprender sobre o carma e aprender sobre nós mesmos é como aprender sobre qualquer outra coisa, pois diz respeito à observação de como as coisas funcionam, dentro e fora de nós e em relacionamento mútuo. Essa é a maneira de levantar o véu da ignorância e chegar à compreensão real. Ele também disse que nós devemos ver tudo como algo não substancial e impermanente, o que é muitas vezes interpretado de forma negativa; não é necessariamente dito dessa forma, mas é uma forma de incentivar a atenção na natureza dos fenômenos. Ao olhar para os fenômenos, não encontraremos outra escolha senão reconhecer sua impermanência e não substancialidade, o que é bom para nós além de ser inevitável, pois essa é a nossa realidade. Se observarmos as coisas como são, então, a verdadeira transformação pode ocorrer.

Ao não reconhecermos as coisas como sendo compostas ou como agregados, como se diz, não conseguimos ver como o carma é criado. Além disso, não há como escapar de termos que lidar com o carma, segundo Buda, por causa do tipo de seres que nós somos. Como já vimos, o carma está vitalmente ligado ao objetivo do budismo de reduzir o sofrimento; quanto mais entendermos como criamos carma, maior a chance de atingirmos esse objetivo. Quanto menos entendermos o carma, maior a chance de certas ações serem repetidas, de não sabermos aprender com os nossos erros e de perpetuarmos o nosso sofrimento por meio da repetição de hábitos profundamente arraigados, hábitos muito profundos que estão envolvidos no desenvolvimento de um determinado tipo de caráter. Assim, sofremos ao não prestarmos atenção na relação causa-efeito. Não compreendemos adequadamente o que nos traz satisfação na vida e o que pode nos permitir florescer.

Como, segundo Buda, o agente está em constante estado de fluxo, nós renascemos. Isso outra vez depende da ideia de que, mesmo enquanto vivos, não somos sempre a mesma pessoa. A pessoa que nasceu na hora do parto e a pessoa que morre no final da vida não são exatamente a mesma. Esse indivíduo é descrito como "o mesmo, mas diferente". Então, para compreender o renascimento em outra forma de vida, podemos pensar que o "indivíduo" renascido, ou qualquer outra forma de chamá-lo, não é exatamente o mesmo que viveu sua vida anterior. E, no entanto, o ser renascido ainda traz certas propensões, certas marcas mentais ou cármicas, desde a vida passada até o presente — as coisas continuam. Isso é verdade para nós, mesmo nessa vida atual. Afinal, é claro que a pessoa nascida e a pessoa que morre não são as mesmas. Um bebê recém-nascido e uma pessoa de oitenta anos prestes a morrer não são os mesmos. A ideia de renascimento é extrapolada a partir dessa noção de transição. Logo, se "ser" está intimamente ligado ao vir a ser, então o fato de eu ser esse ou aquele tipo de indivíduo não é diferente de eu me tornar esse ou aquele tipo de pessoa.

Precisamos distinguir claramente entre as noções de renascimento e reencarnação. Elas se referem a coisas diferentes, embora os termos sejam muitas vezes usados de forma intercambiável. Essencialmente, a reencarnação refere-se, exatamente, à mesma pessoa voltar para outra vida, e isso envolve a ideia de haver um eu intrínseco — uma alma. A teoria budista do renascimento não postula que exatamente a mesma pessoa assuma uma vida diferente após a morte. O fato de que muitos budistas provavelmente acreditem em algo como a reencarnação não faz com que isso seja o ensinamento do Buda. Ao pensar em renascimento, não devemos pensar que o mesmo ser senciente esteja renascendo.

Mais uma vez, como o próprio Buda explicou, "é o mesmo, mas diferente". É a noção de continuidade que é abordada aqui, em vez de um tipo fixo de entidade que persiste e é transferida de um estado de existência para outro. Essa ideia de continuidade está em todo o cânone budista, nos encorajando, realmente, a nos reinventar em diferentes estágios de nossa jornada. Assim, se olharmos em todos os aspectos de nós mesmos, a mudança será real. Nós realmente mudamos. Para o Buda, somos os mesmos e não somos os mesmos em diferentes estágios da vida, e de forma semelhante em relação ao renascimento, não somos realmente "nós" que retornamos pela compulsão cármica. A consciência é impulsionada junto com certas disposições que se transferiram para o nosso continuum mental, e essas tendências são trazidas em nosso novo nascimento.

O Buda chamou isso de "caminho do meio" e descreveu aqueles que acreditavam em um conceito de alma como "eternalistas". Acreditar que a mesma pessoa ou ser senciente renasce repetidamente é ser um eternalista, na terminologia budista. Àqueles que dizem não haver vida após a morte nem nada que persista após o momento final, Buda chamou de "niilistas". A abordagem do caminho do meio evita essas duas visões extremas. Pensando na vida nesses termos, em nossa realização de ações cármicas e em nossa contemplação da sobrevivência após a morte, de alguma forma, reconheceremos que o carma não só determina o nosso renascimento, mas também as diferenças individuais e físicas das pessoas. A seguinte questão foi feita ao Buda nesta citação do *Majjhima Nikāya Sutta*, ou *Provérbios de comprimento médio*:

> Qual, Senhor Gotama, é o motivo pelo qual a vileza e a excelência são vistas entre os homens mesmo quando eles estão em forma humana? Pois, Senhor Gotama, homens de vida curta são vistos, e os homens idosos são vistos; homens com muitas doenças são vistos, e outros são vistos livres de doenças; homens feios são vistos, e são vistos homens lindos; homens fracos são vistos e poderosos são vistos; homens pobres são vistos e os ricos são vistos; homens de famílias humildes são vistos, homens de famílias nobres são vistos; homens de pouca sabedoria são vistos, e outros sábios são vistos. O que agora, Senhor Gotama, é a causa, qual a razão pela qual a vileza e a excelência sejam vistas entre eles, mesmo quando estão em forma humana?[8]

A resposta do Buda foi direta. Ele disse:

> Possuidores de seu próprio carma, jovem Brahman, os seres são os herdeiros do carma... O carma distingue os seres, que seja dito, pela vileza e pela excelência.[9]

O budismo não atribui as diferenças entre indivíduos a um conjunto simples de fatores, como o meio ambiente, mas sim ao carma. É muito devido ao carma que nascemos do jeito que somos. É a nossa herança cármica. É por isso que alguns são ricos, alguns pobres, alguns bonitos, alguns não tão bonitos e assim por diante. Talvez alguns feios tenham o potencial para serem lindos, e os belos também tenham o potencial para serem feios. Isso deve ser atribuído ao carma. No entanto, como também vimos, o Buda criticou um entendimento de direito adquirido por nascimento e reprodução, como era a situação na Índia tradicional, onde nascer na classe superior assegurava automaticamente a aceitação da nobreza, não importando qual a ética específica do indivíduo. No outro extremo da hierarquia, pobres e desfavorecidos também podem se tornar nobres por meio de suas ações. Nascer na pobreza pode ser causado pelo carma, mas é possível desenvolver ações e subir socialmente até sair dessa situação. De acordo com o Buda, tornamo-nos nobres por meio de nossas ações, não por nascimento. Devido ao carma, talvez não possamos ter muitas oportunidades, mas ao fazer o que fazemos atualmente da forma correta, podemos criar essas oportunidades. Um indivíduo pode subir ou descer na escada social.

Nossas ações são dependentes de nossa percepção sobre as coisas, o que nós pensamos sobre elas e os tipos de emoções que sentimos em consequência disso, o que nos traz de volta aos tipos de ação que realizamos. O modo como lidamos com essas múltiplas camadas da experiência determina, no fim das contas, se nos tornamos nobres ou ignóbeis. Os indivíduos são responsáveis por suas ações e criam seu próprio carma; assim, têm que assumir a responsabilidade por suas ações e, como já vimos, a extensão total da responsabilidade do indivíduo na noção do carma é sempre difícil de determinar com precisão. É total? Todas as ações cármicas de uma pessoa são realizadas individualmente? O Buda pensava que não, afirmando que, embora um único indivíduo possa executar uma ação cármica, seu amadurecimento irá variar. Os resultados da ação podem surgir em um ambiente comunitário de algum tipo, então, nesse caso, o carma assume a forma de uma experiência compartilhada. Por exemplo, quando algo negativo acontece a um grupo de pessoas — uma família talvez — todo mundo sofre. Apesar de o sofrimento decorrer das ações de um único membro, os outros ainda sofrem, não apenas por causa da ação desse membro em particular, mas devido ao fato de que as ações anteriores de todos os levaram a convergir para esse ponto de experiência mútua, em que todos são adversamente afetados.

Por outro lado, quando ocorrem coisas boas a um grupo de pessoas, na maioria das vezes, esse acontecimento não é algo inteiramente acidental, mas resulta de um histórico cármico semelhante, sustentado e realizado de forma semelhante, criando uma experiência comum. Em outras palavras, mesmo que o carma seja criado por outro indivíduo, nenhuma pessoa sofre sem motivo. Aqueles que sofrem devido às ações de um indivíduo específico sofrem devido à sua própria história cármica. Isso pode ser concebido como uma rede cármica, ou uma teia de carma, em que cada indivíduo experimenta sofrimento ou felicidade por meio da conexão histórica do carma mútuo. Também se diz que a experiência cármica pode influenciar o nosso ambiente, incluindo o ambiente natural. Essa ideia pode ser encontrada nos sutras, e é a essência por trás do que denominamos "o poder da oração", o que certamente é reconhecido no budismo como útil.

O carma realmente faz mais sentido quando incluímos sua natureza coletiva, pois ressalta a interconectividade do nosso modo de vida cármico. Se o carma de uma pessoa e o de outra estiverem conectados, como consequência, o grupo de pessoas conectadas irá gerar carma coletivo. Na verdade, nós acreditamos nisso, no Ocidente. Por exemplo, quando uma grande quantidade de pessoas é tomada por uma mentalidade negativa, acreditamos que elas estão praticamente dominadas mentalmente por uma "histeria em massa", e que grandes danos e destruição podem ocorrer neste estado. Apesar disso, não pensamos que o mesmo poderia funcionar inversamente, de maneira positiva. E não faz nenhum sentido que a lógica funcione numa direção e não na outra. Se acreditamos em coisas como histeria em massa, então, sem dúvida, afirmamos a capacidade de as pessoas se conectarem mentalmente. Se isso é possível frente a mentalidades negativas, também deve ser possível para criar algo positivo. De fato, o efeito deve ser ainda mais potente. Infelizmente, nossa tendência é sempre acreditar na forma negativa de comportamento, seja individual ou coletivamente. Em nível individual, pensamos: "Eu sou apenas um. O que posso fazer? Que efeito isso vai ter?". E coletivamente também pensamos: "Ora, isso é uma perda de tempo. Como poderá fazer alguma diferença?".

O Buda enfatizou continuamente a nossa capacidade de atenuar os efeitos de nossos carmas passados por meio da ação — no sentido amplo daquilo que pensamos, dizemos e fazemos. Podemos influenciar o nosso futuro cármico, sujeito a causas e condições. Portanto, o Buda não via os conceitos de determinismo e liberdade como sendo diametralmente opostos, como muitas vezes é apresentado hoje. Definir a nossa situação como seres livres ou não livres é, mais uma vez, assumir uma perspectiva dualista. O Buda acreditava em uma forma leve de determinismo, reconhecendo a influência de nossas ações passadas sobre experiências e situações na vida atual, enquanto apontava para a liberdade que está à nossa disposição para mudarmos o nosso curso. Certas coisas a nosso respeito podem ser predeterminadas, mas isso não significa que não temos liberdade para escolher a direção da nossa vida. Livre arbítrio e determinismo andam juntos. Na verdade, se realmente pensarmos sobre isso, somente poderemos ter livre arbítrio quando certas coisas estão predeterminadas; de outra forma, o livre arbítrio se tornaria uma forma de determinismo, pois invariavelmente nos comportaríamos de uma mesma maneira. Qualquer ação que desejássemos realizar, nós a realizaríamos. Isso não é livre arbítrio. Fazer tudo o que queremos não é exercer o livre arbítrio, pois condições prévias estão presentes na nossa capacidade para exercê-lo. Nosso comportamento e ação são predeterminados por essas condições preexistentes — geográficas, culturais, biológicas, sociológicas, psicológicas e assim por diante. Tais fatores criaram as condições da situação em que vivemos. Para exercer o livre arbítrio em um sentido real, teríamos que ser capazes de ir contra esses determinantes de qualquer natureza, superando esses obstáculos. Se pudermos fazê-lo, estaremos exercendo o livre arbítrio.

Se acreditamos em carma, temos que acreditar neste aspecto do livre arbítrio. O carma tem dois aspectos: o determinismo e a noção de liberdade. Sim, a nossa vida, a forma como a vivemos, está sujeita a certas condições preexistentes, mas isso não significa que tenhamos de permanecer presos ou limitados por elas. O Buda, de fato, diferenciou carma antigo de carma novo; o carma antigo tem determinismo mais forte do que o mais recente. O carma antigo nos deixa com menos escolhas, mas, mesmo nesse caso, não ficamos sem escolhas em relação a como o nosso carma passado se manifesta ou amadurece.

O nível de determinismo na teoria cármica atrai ainda mais discórdia no tema das doenças físicas. O Buda declarou que a causa de uma doença física pode não estar relacionada ao carma. Se ele não tivesse afirmado isso, poderia ter nos deixado com uma forma de determinismo cármico. No diálogo abaixo, no formato de muitos dos seus ensinamentos, o Buda é questionado por Sīvaka e responde:

> Certas experiências, Sīvaka, surgem aqui originadas da bile... da fleuma... do vento... resultante dos humores do corpo... nascidas das mudanças das estações... de ser atacado pelas adversidades... com ataques espasmódicos... do efeito do carma. E isso deve ser conhecido por você, Sīvaka, que certas experiências surgem aqui originadas da bile... nascidas do efeito de carma. E isso é considerado como verdadeiro pelo mundo, Sīvaka, certas experiências surgem aqui originadas da bile... nascidas do efeito do carma. Agora, Sīvaka, aqueles reclusos e brâmanes que falam assim, que detêm essa visão: "O que quer que um ser humano experiencie, seja prazer ou dor, ou nem prazer nem dor... Tudo isso se deve ao que foi feito no passado", eles vão além do que é conhecido individualmente, e o que é considerado como verdade no mundo. Portanto, eu digo que esses reclusos e brâmanes estão errados.[10]

Nessa afirmação, o Buda parece apresentar uma espécie de advertência sobre o funcionamento do carma. A resposta é dada no contexto da tradição indiana da cura, *Ayurveda*, que localiza doenças nos desequilíbrios dos humores, fleuma, bile e assim por diante. A conclusão parece ser que, contrariamente à crença bramânica, embora muitas das nossas doenças possam estar ligadas ao carma, nem tudo que nós experimentamos, incluindo doenças físicas, se deve ao carma. Embora o Buda não tenha explicitamente declarado isso, a sugestão é que a nossa doença pode ser resultado de imprudência, negligência ou indiferença com nosso bem-estar físico. Esse tipo de comportamento pode causar nossas doenças, o que é uma interpretação consistente com as outras declarações do Buda sobre o carma. Um tijolo pode cair em nossa cabeça em um local de construção, mas isso pode não ser devido ao carma — um elemento de sorte ou destino é permitido. O carma é uma teoria da causa e efeito, mas não afirma que a presença de certas causas e condições cármicas irá imediatamente induzir os efeitos cármicos. Uma variedade de coisas precisa estar presente para os efeitos cármicos se concretizarem. Às vezes pode haver um efeito retardado, muitas vezes atribuído ao fato de que a maioria dos seres humanos não é inteiramente ruim ou boa; boas pessoas fazem coisas ruins e más pessoas fazem coisas boas. Nosso carma é, na maioria das vezes, misto.

Um componente adicional na relação individualizada entre ação e efeito é o "balanço geral" feito no momento da morte, como já falamos. Esse momento altamente significativo em nossa vida pode mudar a nossa perspectiva mental e anular grande parte do carma negativo acumulado até aquele ponto, mesmo se levamos uma vida repleta de negatividades. Nosso próximo nascimento pode ser favorável. No entanto, isso não significa necessariamente que escapamos dos resultados dos atos cármicos do passado. As sementes cármicas depositadas no fluxo mental individual no passado podem permanecer dormentes e, quando o efeito do carma positivo criado no momento da morte desaparecer ou se esgotar, as sementes cármicas depositadas no fluxo mental individual no passado poderão ressurgir. Assim, esse carma (ou o efeito desse carma) ressurge em algum momento, no devido tempo.

Podemos ver, então, que o Buda prestou muita atenção à ideia do caráter, o que está implícito nas resoluções na hora da morte, de preferência bem avaliadas antes desse evento. Precisamos prestar atenção nas ações, mas devemos estar ainda mais atentos ao tipo de pessoa que nos tornamos. Uma pessoa boa, de caráter, que realiza uma ação negativa ocasionalmente, não produz o mesmo efeito que uma pessoa de caráter negativo ao executar a mesma ação. A noção de caráter é muito importante devido à insistência do budismo de que não temos uma identidade fixa e estável. O que nos sobra para considerar então, em termos da persistência da nossa individualidade, se baseia no caráter do personagem que construímos para nós mesmos no curso de nossas vidas. Esse caráter constitui a soma total do que somos como seres humanos; representa a nossa identidade. Assim, o tipo de pessoa que nos tornamos, o tipo de pessoa que somos, é mais importante do que as ações que realizamos. As ações que desempenhamos devem ser analisadas no contexto do que somos como seres humanos.

É importante contemplar esse tema porque implica que dois indivíduos realizando a mesma ação, em determinado momento, não terão necessariamente dívida cármica idêntica. Realizar certas ações tampouco significa que iremos experimentar imediatamente toda a sua consequência cármica, seja ela agradável ou não. Os efeitos podem ocorrer em etapas. Para dar um exemplo compreensível, se uma pessoa generosa e de bom coração se desenvolve em um bom caráter, atrairá outras pessoas e fará muitos amigos. Esses amigos, por sua vez, agem da mesma forma, encorajando esse indivíduo a florescer rapidamente. Esta pessoa irá se tornar literalmente atraente para os outros, que inevitavelmente gravitarão em torno dela nas interações sociais, no trabalho e assim por diante. Nesse caso, podemos ver o carma produzindo efeitos óbvios e certos, mas o Buda estipulou que o verdadeiro efeito cármico, o fruto total do nosso próprio carma, amadurece na próxima vida. Alguns dos frutos do carma podem surgir no futuro imediato, mas o restante vem em outra vida — portanto, podemos colher os frutos de nossas ações em etapas, eles não precisam se concretizar todos de uma só vez.

Outra questão fundamental na visão do Buda sobre o carma é a intenção. Ações cármicas estão intimamente relacionadas com a nossa intencionalidade. Apesar de "carma" literalmente significar ação, não é apenas a ação em si que tem relevância. A intenção com a qual os atos são realizados é, na verdade, mais importante do que a ação em si. Pode-se ver isso claramente, por exemplo, em muitas ofensas desencorajadas nos termos quase jurídicos da linguagem do Vinaya, regras de conduta para monges e monjas. No caso, as ações são julgadas claramente em relação às intenções do ator, o que é muito diferente das muitas filosofias hindus do tempo de Buda. Os adeptos do Jainismo, por exemplo, promoveram a ideia de *ahimsa*, que significa "não causar danos". Eles usam (até hoje) máscaras faciais para evitar que um inseto infeliz voe para dentro de suas bocas e andam com os pés descalços para evitar pisar em formigas no chão. Não o fazem para se proteger dos insetos, mas sim para proteger os insetos do ser humano. Pode-se descrever a ideologia por trás desse tipo de ação como carma sem intenção, pois não haveria nenhuma intenção considerada nesses atos. Mas, de acordo com o Jainismo, a intenção de matar não faz diferença, porque o ato é o mesmo — a intenção não tem relação com a consequência. O Buda pensou o contrário, e colocou um peso maior na intenção. Agir com ignorância não tem o mesmo efeito da ação realizada com intenção. Junto com essa lógica vêm ideias relacionadas à intenção: o grau de deliberação com o qual se faz alguma coisa, o grau de planejamento e premeditação. O Buda foi muito claro quanto à importância desses fatores e muitos estudiosos ocidentais, de fato, o elogiaram por ter trazido essa contribuição para o tema.

O papel das circunstâncias atenuantes é semelhante ao da intenção. O Buda reconheceu as circunstâncias atenuantes relevantes que podem acompanhar o desempenho de uma ação específica. O indivíduo que atua de certa maneira não necessariamente experimenta as consequências «usuais» dessa ação particular, a depender das circunstâncias atenuantes. Por exemplo, se realizamos uma boa ação e sentimos algumas dúvidas ou arrependimentos sobre isso, então o mérito ligado à boa ação é diminuído. Por outro lado, se realizamos uma ação terrível, mas sentimos arrependimento, então as consequências cármicas profundamente negativas também serão diminuídas. Portanto, uma pessoa que age de uma maneira específica, não significa que enfrentará as mesmas consequências, ou grau de consequências, de uma outra pessoa cometendo esse mesmo ato. O Buda afirmou que não devemos nos arrepender de uma boa ação e devemos nos arrepender de uma ação negativa. No caso anterior, por exemplo, se tivéssemos generosamente distribuído algo e pensado mais adiante "Oh não, o que foi que eu fiz?", o mérito potencial que teríamos acumulado se não tivéssemos nos arrependido acabaria sendo diminuído. Essa ênfase no papel central da intenção é fundamental para a teoria cármica budista, apesar de em outras teorias, historicamente, não ter sido assim.

A grande ênfase do Buda no caráter pode ser vista na tradicional devoção budista às questões de virtude. A virtude é explicada em termos dos apoios ou pilares necessários para ficarmos de pé. A moral e a ética (*shila*) constituem o primeiro pilar, a realização de ações positivas — ser paciente, compreensivo e adotar restrições morais. O segundo pilar é a meditação (*bhavana*), aprender a focar a nossa mente e desenvolver a atenção plena. O terceiro pilar é o da generosidade (*dana*). A ideia geral, nesse caso, é baseada na simplificação de meios: em vez de pensar sobre todos os tipos de qualidades virtuosas, em desenvolvermos isso e aquilo, devemos simplificar as coisas e nos concentrarmos no desenvolvimento das três qualidades que sustentam a virtude. Tudo irá florescer por conta própria a partir disso.

É muito fácil ver a relação do carma com a virtude e com *shila*. Precisamos combinar ética, meditação e sabedoria para integrar o budismo corretamente em nossa vida. Focar somente na meditação, em *shila* ou na sabedoria não é suficiente. No entanto, essa ordem em que são apresentados não é acidental. O mais elevado treinamento budista é a sabedoria, seguido da meditação e, depois, *shila*. Porém, todos são fundamentais, e a prática de *shila* é essencial para a perspectiva budista sobre o carma. A paciência ocupa um lugar primário na prática de *shila*. Mesmo Shantideva, que pode ser descrito como um mestre puritano do Mahayana, afirma no *Bodhicharyavatara* que a paciência é uma das virtudes mais dignas a ser cultivada, mais do que o amor e a compaixão, porque, de acordo com ele, se tivermos paciência, o amor e a compaixão certamente surgirão em seguida. A paciência não significa que lidamos com as coisas devagar, mas quando as coisas saem erradas, não nos sentimos derrotados. Paciência e esforço, de fato, fortalecem um ao outro; eles ficam alinhados, operando como uma bicicleta para duas pessoas, em vez de serem simultâneos. Por exemplo, não é viável manter uma mentalidade relaxada e despreocupada enquanto praticamos o vigor. Isso seria impossível, como tentar ficar de pé e sentado ao mesmo tempo. Em vez disso, a paciência implica que tentemos o nosso melhor — o que nem sempre funcionará. Se nos recusarmos a nos sentir derrotados, teremos alcançado a paciência. Não devemos começar aquele monólogo interno de "puxa, fracassei outra vez". Em vez disso, pensamos: "o que eu poderia ter feito diferente?". Em outras palavras, não voltaremos a tentar o mesmo caminho. Em vez disso, pensaremos: "não funcionou desta vez, então deve haver algum motivo para isso. Devo examinar o que poderia ter feito a diferença". Faremos outra tentativa, com inteligência. Assim sendo, de acordo com Shantideva, ser paciente é não se sentir derrotado. É também assim que aprendemos a criar um bom carma e a viver plenamente a nossa vida.

Também é muito interessante que o budismo coloque a generosidade como terceiro pilar da virtude. Às vezes ela recebe maior ênfase do que a prática de meditação, o que, sem dúvida, tem a ver com a natureza altruísta do ato (querer trazer bem-estar aos outros). O Buda fez algumas qualificações interessantes para a virtude em termos de sua relação com o carma. Ser generoso por si só não qualifica automaticamente uma ação como virtuosa, pois o objeto da generosidade e a intenção por trás da ação também entram em jogo. É relevante, por exemplo, a pessoa com quem estamos sendo generosos. De acordo com o Buda, ser generoso com uma pessoa ruim não é tão bom quanto ser generoso com uma pessoa boa. Aqui podemos ver o pensamento de Buda sobre o que é chamado de "distribuição de mérito". Se somos generosos com uma pessoa bondosa, a pessoa continuará a espalhar esse sentimento e, assim, o mérito será distribuído; o mesmo ato dirigido a uma pessoa maldosa resultará no desvio ou no abuso da nossa generosidade — em outras palavras, essa pessoa simplesmente manterá a generosidade para si e ninguém mais irá experimentar nenhum benefício.

Para colocar as coisas de forma clara: uma boa pessoa dar um presente para outra boa pessoa é diferente de uma pessoa ruim dar um presente para uma boa pessoa, e é diferente, novamente, de uma pessoa ruim dar um presente a uma má pessoa. Uma pessoa virtuosa e nobre que dá um presente a uma pessoa merecedora, também de bom caráter, garante um mérito tremendo. Se uma má pessoa, de caráter muito fraco ou médio, oferecer um presente para uma pessoa muito boa, então também produzirá mérito, mesmo que o doador não seja tão bom, pois isso ainda produziria um bom resultado. Como podemos imaginar, se uma pessoa de caráter ruim der um presente a outra pessoa ruim, mesmo que isso expresse generosidade, os resultados produzidos não serão benéficos. Por exemplo, podemos imaginar um assassino dando uma arma para um conhecido. Essa pessoa compartilha seus maus hábitos e encoraja os amigos a agirem como ela, portanto a negatividade se espalha. Temos que olhar para os fatores circunstanciais que entram em jogo, mesmo nos atos de generosidade.

A intenção por detrás do ato generoso também é muito importante. Se somos generosos com a esperança de obter algo em troca ou ganhar algum favor, então a nossa boa intenção e o benefício do ato é reduzido. O princípio da intenção abrange todas as formas de ação, como já vimos, mas o Buda foi enfático sobre a importância de praticarmos a generosidade corretamente. Ele até mencionou o tamanho ou a qualidade do presente — nenhuma dessas coisas importava para ele. O presente pode ser muito impressionante, mas produzir pouco mérito ou benefício; ou pode ser um presente pequeno e gerar grandes resultados e um efeito extremamente benéfico. Novamente, o que importa é a maneira com que praticamos a generosidade, e não se damos muito ou pouco.

É importante reconhecer que a noção budista de carma não implica em se livrar do carma negativo com um único golpe. É muito mais uma questão de exaurir as coisas. Se nós persistimos e não somos muito impacientes no que estamos tentando fazer, e ficamos atentos ao que nos beneficiará a longo prazo, então vamos ver os benefícios, por menores que sejam inicialmente. Pequenos benefícios não devem ser subestimados, pois os grandes benefícios surgem deles. Mesmo a própria tentativa de trabalhar com as marcas e as disposições cármicas passadas criam novas propensões cármicas positivas — aos poucos, se constrói interiormente um tipo de propensão diferente. De fato, o foco no longo prazo precisa ser mantido, pois o budismo sustenta que sempre haverá coisas que precisamos superar até alcançarmos a iluminação. Por exemplo, o Buda discutiu quatro tipos diferentes de aspirantes espirituais: o que entrou no fluxo, o que retorna uma vez, o que não retorna e *arhant*. Aquele "que entrou no fluxo" embarcou no caminho, entrou na corrente do rio da espiritualidade; aquele "que retorna uma vez" se refere a um praticante que esgotou o seu carma negativo durante um período e, portanto, pode renascer mais uma vez; aquele "que não retorna" é quem não renascerá; e, então, temos o *arhant*, que, literalmente, significa destruidor de inimigos. Deve-se entender "inimigos" como os cinco venenos: ignorância, desejo, raiva, inveja e orgulho. Assim, o destruidor de inimigos é um sábio que dominou os cinco venenos. Pode-se continuar para além dessas etapas, passando por todas elas, trabalhando cada vez mais até alcançar a liberação final. São, no entanto, conceitos complexos e não devemos tomar a ideia de não retorno de forma literal — o objetivo final do budismo é exaurir ou transcender o carma.

Fundamentalmente, a abordagem correta para o carma, causa e efeito, não é pensar nele de forma mecânica. Não devemos pensar que, quando fazemos algo, pronta e automaticamente experimentamos as consequências. Em vez disso, precisamos olhar para os diferentes aspectos de nossas vidas, no que poderíamos chamar de "tecido" de nossa existência cármica, enquanto ele é entrelaçado pelos fios da ação. Isso não ocorre isoladamente, mas em um contexto dinâmico. Não é uma forma de fatalismo ou determinismo, nem é um veículo ideológico para aceitar a nossa carga nessa vida. A teoria cármica realmente se destina a oferecer a mensagem oposta, a fim de nos incentivar a sermos ainda mais determinados em melhorar e progredir. A motivação é fundamental para todo o conceito. Nesse sentido, a teoria cármica é totalmente compatível com ambições, aspirações e desejos dessa natureza. Caso contrário, mesmo o desejo de querer se libertar do carma não estaria presente. Portanto, não podemos pensar apenas em deixar as coisas como estão, sem fazer nada para evitar a criação de novos carmas, esperando as antigas propensões se exaurirem no tempo até ficarmos livres do carma. Não é assim. Nem é um princípio dominante que, misteriosamente, chega para controlar as nossas vidas. O carma é criado e perpetuado pelas nossas ações enquanto vivemos — nossas ações individuais e nossas interações com os outros. Não existe um princípio dominante singular chamado "carma", mas muitos carmas diferentes e muitos padrões cármicos diferentes, propensões cármicas, causas e condições cármicas. É a influência condicionante entre tudo isso que produz as experiências de vida que temos.

De certa forma, parece que estamos "desmistificando" o carma, mas o carma também tem seus mistérios, pois o nível de complexidade das inter-relações tem que ser considerado. Existe um provérbio sobre isso, afirmando que o carma está por trás de cada cor e cada padrão da pena de um pavão. Isso não significa que as penas do pavão herdam certas impressões cármicas, mas que essas cores, texturas e combinações são tão ricas em detalhes complexos que é extremamente difícil compreender como vieram a ser assim. Da mesma forma, as interconexões entre diferentes forças cármicas são muito, muito complexas. Tão complexas que, para entendê-las plenamente, é necessário ir além das capacidades da maioria de nós. Devemos, é claro, buscar pelo menos compreender os princípios básicos e mecânicos de como elas funcionam. Isso podemos mesmo fazer, mas entender de forma exata e completa a operação do carma exige que sejamos como o Buda. Podemos começar tentando entender como as coisas simples surgem — as cores e as texturas de um brocado, por exemplo —, são coisas relativamente simples se comparadas à compreensão dos fantásticos meios da natureza expressos na forma de uma pena de pavão. A complexidade do segundo exemplo é o que torna tão difícil a compreensão e, neste mesmo sentido, a operação do carma é infinitamente sutil.

3. A contribuição da escola Yogacara para a teoria do carma

Cobrimos alguns pontos essenciais desenvolvidos pelo Buda em seus discursos originais sobre o carma, e o modo como o tema foi apresentado em uma teoria aberta. Essa característica é o motivo pelo qual essa teoria continuou a ser desenvolvida, pois está longe de ser um livro concluído. Isso fica evidente no budismo Mahayana, no qual a teoria continuou a evoluir em torno do núcleo original dos ensinamentos do Buda. No Mahayana, existem duas escolas principais: a Madhyamaka (ou "Caminho do Meio") e a Yogacara (às vezes, conhecida como a Escola Cittamatra ou "Mente Apenas"). A Madhyamaka foca na noção de vacuidade (*shunyata*), que discutiremos mais adiante; mas é para os Yogacarins que nos voltaremos agora, pois eles tiveram um impacto mais discernível na teoria do carma, dando-lhe uma formulação mais sofisticada. *Yogacara* significa "praticante de yoga". Yoga, neste contexto, se refere à prática da meditação e não às posturas físicas do hatha yoga. Portanto, os Yogacarins enfatizam a importância da experiência meditativa.

O significado da teoria "Mente Apenas" de Yogacara não é que tudo é visto como mental. Ela aponta para o fato de que tudo se baseia na experiência individual, incapaz de ter uma concepção extramental da realidade. Em outras palavras, afirma que a mente não pode ser retirada da equação quando falamos da "realidade". Não temos como perceber a realidade sem a mente. Portanto, tudo o que podemos experimentar, mesmo a "realidade em si", só pode ser experimentado pela mente. Não podemos sair da nossa mente e depois observar a realidade. "Mente Apenas" não significa, como alguns parecem pensar, que consideramos um objeto físico (uma rocha enorme, por exemplo) como a nossa própria mente. Se aquela grande rocha caísse em nossa cabeça, morreríamos e não poderíamos dizer "oh, isso é apenas a mente". Nenhum filósofo respeitável defenderia uma teoria tão absurda, e não é esse o significado de "Mente Apenas".

O ímpeto da filosofia Yogacarin foi a percepção de uma fraqueza na teoria budista da consciência e da identidade do eu. Eles estavam sob a pressão de várias escolas e críticos hindus, como os Vaishnava, Yoga, Samkhya, Mimamsa e Vedanta, que lhes cobravam algum tipo de explicação para a continuidade. Foi-lhes questionado como poderia haver renascimento sem um "eu". Nem estavam os críticos do budismo satisfeitos com a ideia do renascimento como uma simples continuação de um fluxo de consciência, pois isso seria apenas uma série de estados de consciência continuando ao longo de um período, não levando em conta a continuidade da memória, nem o que ela é nem de onde vem. Da mesma forma, nos hiatos de inconsciência na vida atual — ao entrarmos em um período de coma ou algo parecido e, depois, recobrarmos a consciência —, se esses estados de consciência da mente não estivessem operando, como é que ao acordar e recobrar a consciência nós nos lembramos de como éramos e recordamos nossas experiências passadas? Como explicar esse hiato se a consciência é um fluxo contínuo?

Para abordar essas questões, os Yogacarins sugeriram uma teoria de um estado da consciência ou inconsciência, dependendo de como você olhe para ele. É o chamado *alayavijnana*, muitas vezes traduzido como "consciência depósito". O que isso significa quando aplicado às situações descritas acima, como a morte e o coma, é que podemos ficar inconscientes por um tempo, até morrer e renascer, e permanecer latentemente presentes em um nível inconsciente da consciência, por assim dizer. Este nível é um repositório de todos os nossos traços e disposições cármicas. Por isso, *alayavijnana* é chamado de "consciência depósito" (às vezes traduzido como "substrato da consciência"). É um estado mais permanente do que os nossos estados conscientes.

Os Yogacarins tiveram o cuidado de ressaltar, porém, que *alayavijnana* não tem natureza permanente. Portanto, não é uma substância da alma, já que por definição a alma não sofre mudanças. O "substrato de consciência" de fato muda e pode ser transformado. Na verdade, é dito que ele passa por diferentes estágios de transformação mesmo quando não estamos envolvidos na prática de meditação ou algo do tipo. Ele sempre se transformará em alguma direção. O "substrato de consciência" funciona como repositório de nossos traços e disposições cármicas devido à sua natureza relativamente estável — isto é, em comparação com nossos estados conscientes. Na visão budista, nossos pensamentos, sentimentos, emoções e todo o resto flutuam continuamente na nossa consciência, indo e vindo o tempo todo. Segundo o budismo, não há nada estável na consciência, portanto, não há nada que explique a autoidentidade. É preciso recorrer a uma teoria da alma, do superego ou de algum tipo de identidade abrangente do eu. Foi por meio da consciência depósito que os Yogacarins explicaram a nossa lembrança das coisas, atravessando até mesmo os estados inconscientes pelos quais podemos passar por um período. De acordo com essa premissa, a consciência depósito permite a transmigração de uma vida para a próxima. No modelo Yogacara, a identidade do eu não está baseada no *alayavijnana*, mas em outra forma de consciência — a chamada "consciência egotista". A "consciência do ego" pensa erroneamente que a consciência depósito é a sua base, o fundamento de sua própria identidade egóica. Ela acha que existe um "self", um ego, um "eu". Algo permanente e imutável.

O *alayavijnana* está ligado à nossa experiência por meio do que é chamado de as seis formas de consciência, que incluem as cinco consciências dos sentidos e a consciência mental. Nesse ponto, é importante entender a distinção feita no budismo entre os órgãos sensoriais e as consciências sensoriais. Quando vemos as coisas, o fazemos por meio da nossa consciência sensorial visual; quando ouvimos, é com a consciência sensorial auditiva e assim por diante, por meio dos outros sentidos. Então, há cinco consciências sensoriais e, além disso, há a sexta consciência sensorial, que é a mente pensante, o estado consciente, aquele que planeja e pensa, por meio do qual ficamos imediatamente conscientes de qualquer coisa. Todas as informações que chegam aos cinco sentidos são processadas pela sexta consciência, que, por sua vez, é processada ou apropriada pela sétima consciência: a consciência egotista. A maneira pela qual as informações vêm por meio das seis consciências e da consciência egotista deixa certas impressões na oitava consciência, o *alayavijnana* ou consciência depósito.

A consciência depósito não é uma entidade permanente, mas, mesmo assim, persiste durante um período. Por isso, é capaz de reter impressões cármicas. Essas impressões ou depósitos de energias psíquicas que se transportam são os chamados *vasanas*. Na literatura tradicional, uma *vasana* é descrita pela analogia de colocar algo com cheiro muito ruim, como um par de meias não lavadas, em uma gaveta. Se deixarmos as meias lá por meses, ao abrirmos a gaveta, provavelmente, ficaremos dominados pelo cheiro. Mesmo jogando-as fora e fazendo o máximo para remover o cheiro, teremos apenas um efeito marginal — na próxima vez que a gaveta for aberta, o cheiro ainda estará lá. De forma semelhante, as impressões cármicas são armazenadas em *alayavijnana*, a oitava consciência, que retém a impressões ou o chamado perfume das *vasanas*. As *vasanas* são as atividades mentais profundas das quais não tomamos consciência. Elas são a corrente subterrânea da nossa atividade mental, os pensamentos inconscientes, sentimentos inconscientes, emoções inconscientes e assim por diante. Na morte, mudando de uma forma de existência para outra, algo ainda é transferido por meio do funcionamento da oitava consciência, que tem, por assim dizer, os dados armazenados. No entanto, não devemos visualizar um espaço real de armazenamento; em vez disso, devemos entender o espaço de armazenamento em si como parte do que foi armazenado.

De acordo com a visão Yogacarin, é assim que as impressões cármicas são armazenadas na consciência depósito, onde permanecem adormecidas. Não temos consciência delas. Por isso os hábitos são formados — e, como sabemos, os hábitos são involuntários. Talvez sequer saibamos por que fazemos isso ou aquilo, ou por que pensamos nisso ou naquilo, ou por que sentimos algo particular em determinado momento. A razão pela qual ficamos confusos com esses hábitos é que o impulso por trás deles vem do equivalente budista ao inconsciente. Portanto, não estamos cientes de sua fonte. É feita uma distinção adicional entre a efetivação desses traços e disposições e os traços e disposições (adormecidos) em si mesmos. Quando traços e disposições são efetivados, se tornam conscientes e aflorados no estado consciente; mas, na maioria das vezes, permanecem inconscientes. Portanto, o continuum de consciência não é o único portador de nossos traços e disposições cármicas, pois também o *alayavijnana* os carrega. É este último que transporta vestígios cármicos e disposições para outra vida.

Os Yogacarins fizeram elaborações adicionais que têm consequências para a teoria cármica. Exemplo muito importante foi a noção da natureza de Buda, que não podemos abordar adequadamente aqui. Outra elaboração foi a formulação das diferentes consciências, explicando como as consciências iludidas podem se transformar em consciências de sabedoria equivalentes. Isso é o que hoje chamamos comumente de Tantra. As cinco consciências sensoriais, a sexta consciência mental, a consciência egotista e *alayavijnana* (consciência depósito) podem se transformar, processadas em seu próprio nível, distintamente, em consciência de sabedoria. A respeito disso, os Yogacarins introduziram a ideia de uma continuidade entre tipos deludidos de mente e a mente de sabedoria. Ao fazê-lo, eles acreditaram ter facilitado a compreensão de como ocorre a transição do ser deludido para o ser iluminado (que se relaciona muito com a noção de natureza de Buda que possuímos). Isso ajuda a concordarmos com a teoria do renascimento, bem como com a argumentação sobre os oito níveis de consciência. Com essas contribuições, os Yogacarins definitivamente ajudaram a formar uma teoria do carma mais sofisticada. Eles deixaram mais nítido que o carma se perpetua por meio da interação entre os níveis de consciência. *Alayavijnana* afeta a consciência egotista e a consciência egotista afeta as consciências sensoriais; em ordem inversa, as consciências dos sentidos afetam a consciência egotista, a consciência egotista afeta *alayavijnana* e assim por diante, em ambas as direções.

4. Os ensinamentos do bardo sobre a morte, o estado intermediário e o renascimento

Outra categoria de ensinamentos do budismo tibetano que se relaciona fortemente com o carma e o renascimento são os ensinamentos do bardo, que são essencialmente baseados na interpretação Yogacarin, assim como no Madhyamaka. Esses ensinamentos podem ser encontrados no famoso *Livro tibetano dos mortos*, como é conhecido no Ocidente. Os ensinamentos do bardo enfatizam a experiência da "clara luz da mente" e a necessidade de uma consciência sustentada quando morremos. São ensinamentos de como morrer e como se preparar para a morte a fim de apreciarmos a revelação da verdadeira natureza da mente, a clara luz, durante o processo de morte. Além de nos instruir sobre a morte física em si, os ensinamentos nos instruem sobre como permanecer conscientes nos bardos ou nas jornadas intermediárias entre a morte e o renascimento. "Bardo" significa um "hiato" ou "estágio intermediário", e existem diferentes tipos de bardo, embora haja quatro mais mencionados. A nossa vida atual (o tempo desde o nosso nascimento até a nossa morte) é considerado como um bardo. É o chamado "bardo da vida" e sempre há, no budismo, um sentido de que o nascimento e a morte estão presentes em cada momento desta vida, à medida que envelhecemos. Mas devemos colocá-lo de lado e começar com os bardos subsequentes.

O primeiro dos bardos, partindo deste ponto, é o chamado "bardo do morrer". A descrição budista tibetana do morrer diz respeito a experiências específicas da morte à medida que os elementos se dissolvem. A dissolução física dos cinco elementos que abordamos anteriormente se baseia nos ensinamentos tântricos indianos. Os elementos não devem ser interpretados literalmente. Por exemplo, os cinco elementos, em forma grosseira, são: o elemento terra (o corpo físico), o elemento água (muco, saliva etc.), o elemento fogo (o calor do corpo), o elemento espaço (as cavidades no corpo) e o elemento ar (respiração). Dizem que os elementos físicos se dissolvem à medida que a morte se aproxima, anunciando que o organismo físico começa a se deteriorar. O elemento fogo se dissolve e o nosso corpo perde calor; o elemento água se dissolve e começamos a sentir sede; o elemento ar se dissolve, tornando difícil a respiração; e o elemento terra se dissolve, tornando o corpo rígido. As cavidades também colapsam. Enquanto essas coisas estão acontecendo, temos a experiência das aparições. Nós temos experiências quase alucinantes, nos vendo envolvidos em uma espécie de nevoeiro esfumaçado, ou entre vagalumes ou fenômenos faiscantes. Isso ocorre quando os elementos se dissolvem um no outro, e é chamado de chikhai bardo, o "bardo do momento da morte". Uma vez que nosso corpo começa a decair e a se deteriorar, e basicamente deixa de funcionar, nossa consciência começa a se recolher, se tornando cada vez mais vaga e obscura, até que, por fim, ficamos inconscientes. Sofremos um breve apagão. É quando ocorre a morte. Após um curto período voltamos à consciência, revivemos em certo sentido e percebemos que morremos. Antes disso, no entanto, no momento em que o apagão ocorre (o exato momento da morte), existe a possibilidade de reconhecermos a natureza da mente, percebendo a natureza da consciência, pois a nossa consciência se separou do corpo. Nesse ponto, temos a oportunidade de perceber conscientemente a exibição de diferentes formas de luz, particularmente *ösel*, isso é, a clara luz ou luminosidade. *O Livro tibetano dos mortos* chama isso de "luz da consciência".

De acordo com o budismo tibetano, se nos dedicarmos inteiramente à meditação e desenvolvermos um senso de consciência e atenção, se desenvolvermos concentração, será relativamente fácil reconhecer essa luz no momento da morte. No entanto, a maioria das pessoas procura escapar da luz, em vez de se direcionar para ela, por causa das delusões, da ignorância e dos obscurecimentos. Nesse ponto, entramos no que pode ser chamado de o bardo de fato, o estágio intermediário entre a morte e o renascimento. Uma vez que entramos no bardo, aparecem todos os tipos de alucinações — primeiro, seres muito benignos e de aparência compassiva, irradiando vários tipos de luz. Então, nos dias seguintes, aparecem visões de seres irados e aterrorizantes. Podemos ouvir sons incomuns e assustadores, como trovões e assim por diante, e os seres irados assumem uma aparência cada vez mais sinistra. Vemos uma exibição de diversas cores — azul, amarelo, vermelho, verde... —, flechas coloridas brilhando em diferentes direções. Mesmo assim, nesse estado do bardo é possível alcançar a iluminação. Para isso, precisamos evitar dar uma existência própria a esses seres, reconhecendo-os como projeções de nossa própria mente, surgidos dos nossos próprios conflitos emocionais (como o ciúme, a raiva e assim por diante).

A instrução geral, estando no bardo, é tentar ver essas entidades e visões como simples manifestações de nossa mente, usando as luzes coloridas como um guia ou mapa. As luzes que aparecem são essencialmente de dois tipos: muito brilhantes ou foscas. Devido aos nossos hábitos, seguimos as luzes sem brilho, já que nos parecem mais confortáveis. Podemos ficar um pouco ofuscados pelas luzes brilhantes e, então, talvez nos afastemos delas; mas somos aconselhados a fazer o contrário. As luzes foscas representam a energia dos cinco venenos e as luzes brilhantes representam a nossa energia de sabedoria, as cinco energias da sabedoria. Devemos seguir as cinco luzes brilhantes e tentar evitar as mais foscas, tentando permanecer calmos todo o tempo, conscientes da exibição da mente. Se conseguirmos fazer isso, mais uma vez teremos a chance de atingir a liberação nessa fase, que é chamada de *chonyi* bardo (o bardo do *dharmata*, da realidade).

No budismo tibetano, os ensinamentos do bardo estão muito ligados às práticas de yoga da divindade, às práticas tântricas de visualizar divindades, pacíficas e iradas, e coisas desse tipo. Quanto mais nos familiarizarmos com esses ensinamentos, o mais provável é que nos lembraremos dessa experiência quando estivermos mortos e passando pelo bardo. Assim, passando pelo estado do bardo, veremos as divindades como produtos da nossa própria imaginação e não como reais, de fato. Elas são uma visão cármica, como se diz, que também é conhecida como uma visão impura. Nossa tarefa é transformar essa experiência em visão pura. Na prática tântrica, dar surgimento às imagens das divindades na visualização é chamado de "estágio de geração". "O estágio de geração" se refere à geração deliberada de imagens, ao contrário de apenas fechar nossos olhos e aguardar imagens de grandes seres ou deuses surgirem. Damos origem a uma imagem por meio de etapas. Por exemplo, no budismo tântrico, podemos visualizar uma sílaba semente, apenas uma letra, que representa uma divindade particular, e daquela sílaba semente damos origem ao lótus, o trono de lótus, ao disco de sol e lua. A partir daí, gradualmente visualizamos a divindade na íntegra, seja qual for a que tenhamos selecionado. No fim da prática, dissolvemos a divindade. Não terminamos a visualização abruptamente, mas dissolvemos a imagem da divindade na vacuidade, que serve como uma espécie de conclusão imaginária e filosófica.

Se nos familiarizarmos com esse tipo de prática, poderemos considerar as imagens no estado pós-morte como sendo semelhantes àquelas sobre as quais praticamos. Precisamos ter em mente o contexto teórico geral do budismo aqui, segundo o qual se entende que a mente está continuamente projetando todo tipo de imagens em nossa vida atual — isso é, no nosso estado incorporado. Desse modo, as próprias divindades representam vários aspectos de nós mesmos, o que é outro aspecto importante desse tipo de prática — uma familiarização gradual com essa capacidade da mente. Em certo sentido, não faz diferença visualizarmos uma divindade irada ou uma divindade pacífica, pois elas representam vários aspectos de nós mesmos. Há, portanto, esse benefício da prática, de reconhecer as capacidades imaginativas da mente. Ao saber disso, ficamos mais tranquilos durante toda a experiência. Quando morremos, temos a oportunidade de realizar a natureza da mente em vários momentos, mas aqui falamos do momento em que acordamos do breve estado inconsciente. Não sendo capazes disso, podemos despertar entre as visões descritas no estágio intermediário.

A partir desse ponto, se ainda não reconhecemos a clara luz, somos impulsionados, como é dito nos ensinamentos, por meio da força cármica, para o renascimento. Mas, mesmo nessa etapa, temos uma espécie de escolha, se despertarmos e estivermos cientes do que realmente está acontecendo. Se pudermos acompanhar o que está acontecendo, com consciência, nessa fase, poderemos escolher nossos pais, onde nasceremos, em que circunstâncias e assim por diante. Os ensinamentos proclamam que, nesse momento, somos capazes de determinar o nosso futuro renascimento, dependendo das nossas ações no bardo. Naturalmente, na primeira etapa do bardo, grande parte do nosso pensamento se refere ao nosso passado, diz-se, enquanto a segunda etapa diz respeito ao nosso futuro renascimento. Seguindo daí, uma vez que recuperamos a plena consciência, começamos a desenvolver o que é chamado de "corpo do bardo", que é diferente daquilo que normalmente se imagina. A premissa é, em geral, que após a morte o nosso ser se torna uma consciência sem corpo capaz de se deslocar rapidamente ou, de forma menos positiva, sendo jogada pelo vento do carma sem muito controle. No entanto, de acordo com os ensinamentos, o ser no bardo está realmente assumindo um novo corpo, um corpo sutil ou corpo do bardo. Esse corpo sutil de um ser do bardo pode ser imperceptível para nós, mas é um corpo específico.

Em outras palavras, um ser do bardo é um ser encarnado — não em um corpo sólido como o que temos agora, é claro, mas não desencarnado. Esse corpo pode cheirar, ouvir etc. Não é como se o ser do bardo simplesmente enxergasse com os olhos da mente, observando a cena de nossos parentes aflitos e assim por diante. Nós realmente vemos coisas assim e podemos passar por uma grande perturbação antes de percebermos que realmente partimos e fomos para o outro lado. Ainda podemos cheirar e ouvir, de fato. O gosto não é mencionado, mas é dito que não precisamos de alimentos sólidos (o que não é surpreendente). Vivemos de aromas. Talvez isso possa ser análogo à forma como a vida aquática se forma, com corpos transparentes e muito finos movendo-se no oceano profundo, emitindo luz. Esse corpo sutil, o que sofre as várias experiências espectrais descritas acima, é abandonado, descartado, antes de entrarmos no ventre.

Antes de nascermos, no estado pré-natal, começamos a ter premonições ou visões de nossa vida futura. Começamos a procurar pais adequados, de acordo com os ensinamentos. Limitados pela nossa ignorância, no entanto, podemos escolher o ventre errado. Escolher o ventre correto se torna uma prioridade do ser do bardo e, portanto, o ônus nesse momento é realmente resistir à tentação de nascer muito rápido, o que é difícil, pois o bardo é uma experiência muito desagradável para a maioria dos seres. De modo geral, estamos desesperados pelo renascimento. Há uma sensação de pânico, nessa fase, semelhante a centenas de espermatozóides lutando entre si para chegar ao óvulo, com apenas uns poucos sortudos conseguindo. Estão todos subindo uns sobre os outros. Ao longo dessa experiência, devemos tentar nos conter e pensar, com cuidado e paciência, em encontrar um nascimento adequado. Os seres do bardo podem ver seus pais em potencial, diz-se, e podem observar sua interação um com o outro para descobrir o tipo de pessoas que são. Há uma sensação de investigação: como eles são? Será que eu seria feliz nesta casa? Que tipos de irmãos eu terei? Eles seguem algum caminho espiritual? São pessoas legais? São gentis? Em algum ponto cumulativo dessas considerações, ocorre o renascimento.

Renascendo dessa forma, com reflexão e escolha, esse ser é considerado um *tulku* no sistema tibetano, uma pessoa que exerceu alguma escolha e deliberação na sua volta ao mundo e que não foi forçada pela situação. Existem muitos tipos diferentes de *tulku*, e o título não significa necessariamente um ser iluminado, mas aquele que evoluiu um pouco em alguns aspectos e teve a sensibilidade de escolher o seu renascimento com cuidado. Pensa-se que possuem certos dons espirituais e vocações incorporadas para querer beneficiar os outros, em graus variados. De modo geral, a literatura tibetana é bem detalhada sobre o processo de nascimento, contendo descrições elaboradas do desenvolvimento embrionário e assim por diante.

Os ensinamentos do bardo como um todo, portanto, devem instruir o praticante sobre duas coisas fundamentais: a morte não é algo a ser temido e as experiências pós-morte podem ser usadas para nosso próprio benefício. A morte não só não deve ser temida, mas precisa ser aproveitada como oportunidade de transformação. Significa uma liberdade de todas as restrições que nos aprisionam enquanto estamos vivos: obrigações familiares, conexões sociais, limitações físicas, problemas emocionais e assim por diante. As pessoas que passaram por experiências de quase morte sabem algo a respeito disso, sobre a maneira como o tempo e a realidade parecem comprimidos de forma inexplicável e, no entanto, essas pessoas relatam que a experiência é extremamente transformadora. Muitos sobreviventes relatam que ganharam uma nova oportunidade na vida. Todas as "coisas" carregadas por toda a existência como um fardo, incapazes de serem abandonadas, de repente são retiradas de suas costas. Da mesma forma, no momento da morte, tudo é compactado e a mente se torna incrivelmente focada, cristalina e perspicaz, sem distração ou preguiça. A consciência se torna muito refinada e sutil, quieta e penetrantemente presente. Não há perturbação, o que gera uma tremenda quantidade de energia mental e psíquica, e proporciona aos indivíduos uma ótima oportunidade para despertar e trabalhar o seu carma, mesmo que não tenham sido praticantes dedicados em suas vidas. Esse tipo de jornada consciente no bardo é possível quase que somente com o aconselhamento de um guia competente.

Quando morremos, deixamos muita coisa para trás, permitindo maior liberdade para realmente fazer as coisas. Como é dito na vida: quando uma porta se fecha, outra se abre. O momento da morte é como um limbo. Estar no limbo pode ser uma coisa terrível, como o próprio bardo pode ser, mas, por outro lado, pode funcionar positivamente. Despedimo-nos de nossa vida passada, livres de todos os obstáculos que experimentamos. Nesse sentido, poderia ser considerado o próximo passo adiante, um tipo de período criativo. A mensagem para o indivíduo ou o ser do bardo é: "Não tenha medo; não há nada a temer no que você vê, ouve, cheira. Permaneça calmo, permaneça forte". Dessa forma, a teoria do bardo e os seus ensinamentos enfatizam a morte como um período de oportunidades, e não como algo a temer.

Quase tudo está contido na coleção de textos chamada de ensinamentos do bardo — as oito formas de consciência, as transformações da consciência, a noção da natureza de Buda, a natureza luminosa da mente etc. As escrituras também apresentam os dois níveis de verdade na forma, como as aparências são tratadas. A maneira como elas deveriam surgir para nós, parecendo ser algo como um holograma; não como seres sólidos com carne e sangue, não como seres vivos reais, como pessoas que respiram. Vemos uma aparição, que é uma manifestação da verdade relativa. Então, ao nos envolvermos com a visão como algo que emerge da nossa própria natureza de Buda ou da clara luz da mente, vemos algo da verdade absoluta. Perceber que nossa visão com os olhos da mente não tem qualquer tipo de realidade substancial é ver a vacuidade. Portanto, ao viajarmos conscientemente no bardo, também conseguimos combinar as duas verdades, que abordaremos no próximo capítulo.

5. Ausência do carma — Vacuidade e as duas verdades

Conforme afirmamos até o momento, o carma é um elemento central para o budismo. Mas, em outro nível, a realidade última do carma não foi estabelecida. Nesse ponto, os dois níveis de verdade no budismo se tornam relevantes: a realidade relativa e a absoluta. O carma possui apenas realidade relativa por natureza, por isso é algo que podemos transcender. O carma é algo que precisamos ultrapassar, de fato. Isso significa não apenas superar o carma negativo, mas também o carma positivo. Ambos os tipos levam ao renascimento, e o objetivo final é a exaustão de nossas propensões e tendências cármicas.

A escola Madhyamaka do budismo Mahayana também teve uma importante influência filosófica sobre a noção de carma, como a escola Yogacara que já mencionamos brevemente. Fundada por Nagarjuna no fim do segundo século, o pensamento Madhyamaka expõe a noção de duas verdades — a relativa e a absoluta. O carma é visto como real apenas em relação à verdade relativa, mas não em termos da verdade absoluta, porque a verdade absoluta é a vacuidade. O carma em si não tem natureza fixa. É um fenômeno; não é a realidade. Mais uma vez, precisamos qualificar essa afirmação como uma expressão do ponto de vista último. O carma tem realidade relativa. O ponto fundamental de Nagarjuna é que o carma é criado por meio da fixação mental, por nosso encantamento com nossos conceitos, ideias e pensamentos, nossas projeções mentais e nossa tendência inveterada a reificar tudo o que pensamos. Os objetos de nossos pensamentos recebem uma realidade sólida, seja ela existente ou não. Isso é chamado de "atribuição mental", processo pelo qual damos atributos aos objetos além daqueles que eles realmente têm. A atribuição ou projeção tem um enorme impacto no nosso bem-estar mental. Influi em como agimos para cultivar (ou não) os nossos sentimentos e no modo como lidamos com as nossas emoções e pensamentos.

Ao contemplar a vacuidade, pode-se relaxar a fixação da mente. Mesmo em termos de carma, Nagarjuna afirma que, se nos fixarmos nele, o que é a nossa tendência habitual — se nos fixarmos no agente, na ação e assim por diante —, não seremos capazes de nos libertar. O resultado passa a ser exatamente o oposto, pois pensar com referenciais fixos leva à proliferação conceitual (*prapanca*). Basicamente, a mente começa a ficar confusa. Não só damos maior realidade ao que vemos, cheiramos, provamos e tocamos, mas começamos a imaginar que existem vários tipos de coisas que não existem. Deus, alma e coisas dessa natureza são exemplos disso, de acordo com Nagarjuna. O simples fato de podermos pensar em algo induz a nossa tendência a pensar que deve haver um objeto real correspondente a esse pensamento. Aparentemente, nos parece muito lógico pressupor que, se somos capazes de pensar em um ser assim e assado, esse ser deve existir — de outra forma, de onde viria a capacidade de pensar nele? Os filósofos e teólogos ocidentais do passado usaram esse argumento para sustentar a existência de um ser onipotente e onisciente, insistindo que a nossa habilidade nessa faculdade mental, a capacidade de imaginar um ser onisciente, prova que esse ser deva existir.

 Nagarjuna usou o que mais tarde se tornaria conhecido como a "lâmina Prasangika", que essencialmente se refere a derrubar cada posição filosófica, um corte na raiz de tudo o que pensamos. É um exame implacável de todas as reivindicações de uma existência real ou verdadeira. Ele tinha seguidores que elaboraram ainda mais as suas teorias, como Chandrakirti e os Prasangika Madhyamikas. Eles empregavam o sistema *reductio ad absurdum,* reduzindo ou destruindo cada visão filosófica às suas inconsistências fundamentais, sem defender uma posição específica. A principal argumentação em que Nagarjuna insistia era que nada tem existência inerente, pois todas as coisas surgem de forma dependente. Portanto, tudo é vazio. Essa não é uma visão da vacuidade pura, que seria a conclusão da visão niilista. Nagarjuna, de fato, pensou que o entendimento niilista era completamente errante, um modo letal de se pensar, suicida — como segurar incorretamente uma cobra pela cauda, de modo que ela possa morder nosso braço e nos envenenar. Portanto, é completamente incorreto interpretar Nagarjuna como se ele negasse a existência do carma. De fato, ele afirma que é muito melhor voltar para os modos convencionais de pensamento, acreditando que as coisas de fato existem como as pessoas em geral acreditam, do que sustentar ideias niilistas de que nada existe. Isso é um ponto crucial no entendimento budista. Devido a tudo surgir interdependentemente, o carma também é um fenômeno que surge de forma interdependente, destituído de uma existência inerente e, dessa forma, capaz de ser superado. A lógica de Nagarjuna também explica por que samsara e nirvana são conceitos dependentes. Sem samsara não pode haver nirvana e sem nirvana não pode haver samsara. Isso é elaborado em seu texto principal, *Versos fundamentais no caminho do meio (Mulamadhyamakakarika)*.

Há dois pontos principais a serem abordados aqui quanto à aplicação da abordagem de Nagarjuna sobre a teoria cármica. Por um lado, ela nos encoraja a abandonar a nossa fixação em objetos diferentes, basicamente objetos mentais, e, por outro, nos adverte contra a substituição dessa tendência pelo pensamento niilista, visto como uma grave armadilha. Também deve ser mencionado que alguns dos sucessores de Nagarjuna acabaram criticando os próprios Yogacarins por se fixarem em algumas de suas próprias ideias centrais, como as oito formas de consciência.

Ao falar de Nagarjuna, estamos falando de filosofia, o que nos leva a uma distinção interessante muitas vezes feita no budismo entre inteligência e sabedoria (*prajna*). As pessoas geralmente pressupõem que a sabedoria é gerada pelo estudo da filosofia. Claro que se alguém for estudar Nagarjuna o estudo lhe será útil, mas há uma maneira superior à estratégia puramente intelectual, que é a contemplação ou meditação. Ainda continuamos pensando, passando pelo mesmo processo de raciocínio, mas com um ritmo mais lento e usando uma variedade de faculdades mentais, estados e processos físicos para nos manter focados no assunto, no objeto de contemplação. Na verdade, precisamos perceber que existem diferentes modos de pensar. Mesmo quando dizemos que estamos "pensando", em nosso uso rotineiro da palavra, estamos realmente nos referindo a "pensar" de muitas maneiras diferentes. Ao pensar de uma maneira puramente intelectual, podemos obter alguma sabedoria, mas todos os outros aspectos do pensamento e da existência não estão envolvidos; é uma coisa puramente intelectual; opera por conta própria. É quase um exercício intelectual, mas esse exercício pode acabar sendo uma atividade mais ou menos neutra, do ponto de vista espiritual.

Mesmo em busca de sabedoria, ainda dependemos de nossos recursos e heranças cármicas. Precisamos usar nossos recursos disponíveis para obter sabedoria ou prajna. No entanto, muitas vezes é dito que o prajna destrói o carma, destrói todos os traços e disposições cármicas. Com a espada de prajna, tudo é demolido. Em certo nível, isso é verdade, mas esse é o nível absoluto. No nível relativo, o prajna também depende de causas e condições cármicas preexistentes. Portanto, certos indivíduos podem estar predispostos a ter mais sabedoria do que outros. Se não fosse esse o caso, todo esse esforço não teria importância — todos teriam a mesma visão e o mesmo nível de sabedoria, e tudo seria igual entre os indivíduos. Mas esse não é o caso, é claro. O entendimento depende sempre do nível de desenvolvimento do indivíduo. Uma pessoa amplamente desenvolvida, que passou pelo autocrescimento que discutimos, tendo conseguido um certo nível de preparação, terá uma visão mais penetrante e abrangente do que alguém sem esse tipo de experiência.

Muitas vezes, se estamos de fato buscando a visão de uma maneira puramente intelectual, nos tornamos introvertidos. Pensamos nisso como um exercício muito solitário porque nos vemos olhando para dentro, aprofundando o nosso pensamento. O mundo externo e outras pessoas e outros seres vivos se tornam uma distração, e prestar atenção a eles passa a ser um aborrecimento. Todos representam a mesma coisa para nós, que é o tempo perdido da nossa profunda reflexão, a missão que tanto apreciamos. Como estamos procurando desvendar essas questões complexas da vida ou da metafísica e precisamos desse "tempo para mim", nos fechamos. O budismo considera o tipo de percepção obtida dessa maneira como sendo de qualidade inferior. A visão é mais elaborada quando nos tornamos mais carinhosos e mais amorosos e nos abrimos para os outros. Nós não teremos uma mente fechada se adotarmos essa abordagem equilibrada. Para esse fim, o próprio Buda ensinou a meditação sobre a bondade amorosa, *metta-bhavana*. Ele disse que a meditação de metabavana é crucial para o desenvolvimento de prajna ou sabedoria. No budismo, não existe uma separação rigorosa entre o aspecto cognitivo da nossa mente do seu aspecto emocional e afetivo. Nossa capacidade cognitiva deve ser sustentada pela riqueza do nosso repertório emocional, dos nossos recursos emocionais. Em outras palavras, se somos emocionalmente estéreis, secos, até mesmo a nossa capacidade cognitiva será comprometida, sua eficácia será reduzida. Por isso, a meditação na bondade amorosa nos ajuda a pensar com clareza e a ver as coisas de forma clara. Tudo o que fazemos para obter uma visão correta produz carma positivo. Precisamos, então, estar atentos em diversas frentes: ter certeza de que o nosso corpo está saudável, em um estado positivo; e, no nível emocional e dos sentimentos, precisamos nos certificar de que não estamos rígidos e fechados. Prestar atenção a essas coisas produz carma positivo, o que, por sua vez, leva a um ganho de sabedoria. A sabedoria surge da criação de carma positivo e da realização de ações que superam o carma negativo.

Os seguidores de Nagarjuna são chamados de "Shunyavadins" ou "expoentes da escola da vacuidade", onde *shunya* significa "vacuidade" e *vadin*, "expoente". Na verdade, aqueles que seguem a escola de pensamento Madhyamaka são considerados Shunyavadins. Às vezes, os Shunyavadins empregavam as ideias de Nagarjuna como uma espécie de arma contra os budistas mais antigos, sugerindo que não existe carma. Eles apontam para o capítulo de Nagarjuna sobre o carma no *Mulamadhyamakakarika*, em que ele diz que não há agente nem ação, e ainda afirma que não há nirvana. Várias pessoas então, e os Shunyavadins em geral, sugerem que o carma não precisa ser levado muito a sério, pois, afinal, ele não existe realmente. Se não há agente nem ação, como o carma pode ser produzido? De fato, em certo sentido Nagarjuna quase afirma que o carma é ilusório. No entanto, ao fazer essas declarações ele não está sugerindo que não haja nenhum carma ou nenhum agente. Em vez disso, aborda as coisas do ponto de vista último, que é a negação de um agente autoexistente. Na visão de Nagarjuna ainda existe agente, ele só não é autoexistente, o que é algo que já discutimos em relação ao Buda. Portanto, não há nenhuma contradição real aqui, em qualquer aspecto. Nagarjuna não afirma que não há agente nem ação. Um agente é um agente porque tem capacidade de executar ações; sem ações, não pode haver agente. Então, há uma equivalência aqui. Ele disse o mesmo sobre causa e efeito cármicos. Nós pensamos que uma causa tem mais realidade do que um efeito porque sem uma causa não haverá efeito. A causa parece ter mais realidade do que o efeito porque o efeito deriva da causa, mas uma causa não deriva de um efeito. Portanto, a causa tem primasia sobre o efeito. Nagarjuna contestou essa ideia com sua noção de originação interdependente. Tudo surge porque tudo depende de todo o resto. A causa e o efeito são vistos como mutuamente dependentes um do outro, e o agente e as ações são considerados como mutuamente dependentes também. Um não pode existir sem o outro. Este é o entendimento correto da vacuidade do carma.

Entender de outra forma seria divergir da visão do caminho do meio de Buda. Dizer que o carma não existe e é completamente ilusório seria um extremo. Pensar que ele realmente existe e que a causa e o efeito cármicos têm uma realidade intrínseca seria outro extremo. Para Nagarjuna, o carma não tem realidade intríseca porque é desprovido de existência inerente, mas ele se manifesta. É um fenômeno manifesto. Nessa medida, ele é real, existe. Isso pode parecer uma distinção um pouco pedante, mas é bastante crucial para o pensamento Shunyavadin porque, se algo tem existência inerente, não pode ser extirpado. No budismo, buscamos superar o carma. O carma pode ser superado, é dito; e se algo pode ser superado, não pode ter existência inerente.

No fim, há pouquíssima diferença entre o que dizem os Shunyavadins e o que o Buda ensinou. A distinção se resume a ver coisas como reais no nível convencional, mas não no nível último. O carma não tem realidade intrínseca, mas é real em outro nível porque o experimentamos. Por exemplo, quando estamos acordados, temos algum tipo de realidade — isso é real. Mas quando sonhamos, enquanto o sonho dura, ele também tem uma realidade própria. É real enquanto está acontecendo; no contexto onírico, o sonho é real como tal. Da mesma forma, as nossas experiências da vida cotidiana, inclusive as do nosso carma, são reais na medida em que permanecerão sendo vivenciadas desse jeito enquanto não atingirmos a iluminação. Da perspectiva do ponto último, porém, elas não são reais e, portanto, podem ser superadas. Não estamos atados à realidade cármica de tal maneira que estamos condenados a essa eterna repetição de morrer, renascer, morrer, renascer — um ciclo interminável de vida e morte. De acordo com o budismo, há um ponto final.

Até que o véu da ignorância tenha sido levantado, continuaremos experimentando o efeito que as coisas têm sobre nós, mas isso não significa que todas as nossas experiências tenham alguma realidade intrínseca. A resposta budista à questão sobre a realidade do carma não é tão delineada. Como o próprio Nagarjuna disse, não se pode simplesmente responder com um sim ou um não. Ele responderia a tais perguntas com outra indagação: "em que contexto?". Estamos falando da perspectiva da realidade ou da perspectiva das aparências? Do ponto de vista da realidade, o carma e tudo o mais que experimentamos nesse nível empírico de existência não tem nenhuma essência duradoura e, portanto, não é real. Mas dizer que não há nenhuma realidade também é falso. O modo como vivenciamos tudo se deve ao fato de o carma estar tão intimamente conectado a tudo o que fazemos. Está lá no próprio tecido das nossas vidas, naquilo de que gostamos e naquilo de que não gostamos. Tudo é apropriado em termos de nossas próprias experiências subjetivas e no nível subjetivo do nosso ser. Essas experiências deixam marcas na nossa consciência, que é semelhante a um rio, um fenômeno dinâmico fluido. Portanto, mesmo que a nossa instável consciência não permaneça, sendo apenas uma sucessão de estados, ela ainda assim está acontecendo. Ainda existe uma troca em duas direções entre as informações recebidas que estão sendo processadas, deixando marcas cármicas no inconsciente, e as reações correspondentes, nas quais as marcas estimulam o indivíduo a responder de maneira predeterminada.

Esses padrões criados por nós mesmos ao longo de nossas vidas não podem ser descartados rapidamente, e é por isso que o budismo, e em especial o budismo Mahayana, enfatiza a não dualidade da aparência e da realidade, ou das verdades relativa e absoluta. Precisamos usar esses dois entendimentos. Precisamos nos equilibrar entre a realidade relativa e a realidade última. Isso é visto como algo absolutamente crucial. Mesmo na visão muito profunda dos ensinamentos Dzogchen, em termos de conduta, tudo deve ser fundamentado em nossas experiências da vida cotidiana. Não podemos flutuar em algum tipo de espaço vago das "coisas como elas são", ou na "realidade de todas as coisas". Começamos com a necessidade de prajna, sabedoria, para atravessar, para transcender a nossa escravidão cármica. No entanto, o prajna alcançado deve nos permitir obter esse equilíbrio entre o que é relativamente real e o que é absolutamente real. Esse é o ponto principal porque, se cairmos em um dos lados, não seremos capazes de atingir a plena realização. Sem todas as emoções, sentimentos etc., que estão associados à realidade relativa, a realização da realidade última não ocorrerá. Isso está muito claro. Costuma-se dizer que, como praticantes budistas sérios, estamos sempre nos equilibrando nessa corda bamba entre aparência e realidade. Na verdade, é por isso que, mesmo na iluminação, se diz que ela acontece em dois níveis diferentes — no nível físico e no nível mental. No nível físico, é chamada *rupakaya*, onde *rupa* significa "forma" e *kaya* significa "corpo", ou seja, "corpo da forma". No nível mental, é chamada *dharmakaya*, o que significa, neste contexto, "realidade última".

O aspecto de *rupakaya*, ou corpo da forma de Buda, corresponde à realidade relativa; *dharmakaya* corresponde à realidade última. O aspecto corpo da forma está relacionado ao cultivo de certas faculdades mentais e de certo repertório emocional, uma gama de sensações e coisas desse tipo —, no nível relativo. Os Budas alcançaram o corpo da forma devido ao desenvolvimento emocional discutido acima, e é por isso que se diz que eles permanecem neste mundo por compaixão. Ainda assim, eles não são maculados por este mundo, porque também alcançaram o corpo sem forma, o *dharmakaya* ou o autêntico estado da mente de Buda. Assim, é dito no budismo Mahayana que um verdadeiro buda reside no chamado "nirvana não permanente".

No entanto, a liberação não pode ser assegurada se não for pelo carma. Essa é a visão. Assim, por meio do nosso próprio desenvolvimento, alcançamos o corpo da forma de Buda em relação às nossas faculdades mentais, faculdades emocionais e aos nossos fatores físicos. Além disso, pelo desenvolvimento da visão, alcançamos o aspecto sem forma de Buda. Dizem que isso resulta de dois tipos de acumulação: o de mérito e o de sabedoria. No budismo, a ideia não é desistir de tudo, como muitas vezes ouvimos. Ao desistir de algumas coisas, devemos acumular outras, então as duas acumulações são descritas. Por acúmulo de mérito, alcançamos o corpo da forma de

Buda e, por meio da acumulação de sabedoria, alcançamos o corpo mental de Buda, o *dharmakaya*. Por um lado, a teoria cármica não é descrita apenas para encorajar as pessoas a gerarem carma positivo e a evitarem o carma negativo seguindo os preceitos de uma vida moral. A liberação vem da destruição das duas algemas. Tradicionalmente, o carma negativo é comparado a ser acorrentado em algemas de ferro; o carma positivo seriam as algemas de ouro. Mesmo com algemas de ouro, não somos livres. Portanto, a liberdade genuína reside em ficar livre de todas as algemas. Isso é afirmado nos discursos originais do Buda, bem como no Mahayana. Mesmo assim, precisamos nos envolver com o nosso carma. Não há maneira de contornar isso. Tentamos superar o carma negativo ao cultivar carma positivo, trabalhando para a eventual superação mesmo do carma positivo. O Buda definiu três categorias de carma: positivo, negativo e neutro. O carma neutro se refere à origem da ideia de carma como ação. Pessoas más que fazem coisas ruins geram carma negativo e pessoas boas que fazem coisas boas geram carma positivo. Aqueles que realmente se esforçam para avançar no caminho espiritual, visando à iluminação, agem de forma a não produzir carma, razão pela qual podem alcançar o nirvana.

6. O significado da vida e o medo da morte

Na discussão sobre o carma, estudamos uma filosofia que aborda o significado da vida, ou as repercussões do que fazemos e pensamos sobre a vida. Ao falar do renascimento, estamos abordando o significado da morte (se houver algum). Mais uma vez, precisamos reunir alguns pensamentos anteriores a essas ideias, algum pano de fundo, para contextualizar esses problemas existenciais relevantes. Quando as pessoas se perguntam se a vida tem significado, em geral isso leva a uma indagação sobre que tipo de significado a vida poderia ter. Se abordamos o tema partindo da premissa de que o significado é estabelecido — ou é um presente de Deus ou é predeterminado de alguma forma —, o significado da vida é visto como algo a ser descoberto, e não como algo a ser criado. Aqueles que consideram o significado da vida como algo a ser construído têm o sentido da vida inteiramente sob seu controle. É algo criado em nível íntimo, individual. A vida tem o significado que atribuímos a ela e nada além disso. A perspectiva budista é sugerir que, para levar uma vida significativa, precisamos desenvolver a nossa atenção, ficar mais conscientes, mais atentos; e, ao fazê-lo, gradualmente desenvolvemos maior entendimento quanto ao propósito da vida.

As pessoas, sem dúvida, sempre contemplaram o significado da vida em conexão com o da morte. As experiências de morte e pós-morte são muitas vezes tratadas no mesmo contexto que o significado da vida. É claro que todas as grandes religiões do mundo tentaram abordar a questão de descobrir se há vida após a morte e, em caso afirmativo, que tipo de vida pode ser esperada. Alguns estudiosos ocidentais seculares chegaram a dizer que a origem da religião está no medo da morte. Segundo eles, o medo da morte, da opressora inevitabilidade do morrer, dá origem a uma enorme insegurança humana; essa última impulsiona ampla especulação, evoluindo para a ideologia religiosa. Se isso é verdade ou não, o ponto importante é que todas as principais religiões tiveram que lidar com essa questão específica, e não podemos simplesmente ignorar sua importância. A religião não deve ser subestimada como uma forma de realização de desejos, o que é comum. Religiões que descrevem o céu e o inferno, a vida após a morte ou a imortalidade da alma, dão conforto às pessoas na forma de uma vida eterna prometida. Essa é apenas uma possibilidade em torno da questão da morte, tornando essa vida, em particular, um pouco mais suportável com todos os seus obstáculos. Isso pode ser chamado de "compensações da vida após a morte". Nosso medo da extinção é assim dissipado, e não há nada mais relevante para todo o tema da religião do que esse tipo de delusão sem fundamento.

Em uma perspectiva mais ampla, essa análise não é de fato correta, mesmo considerando suas premissas. A especulação religiosa sobre o que sucede o morrer pode, de fato, aumentar o nosso medo da morte e do pós-vida em vez de diminuí-lo. As pessoas têm muitos temores de ir para o inferno, assar no inferno, enfrentar a condenação eterna etc. De fato, David Hume, famoso filósofo escocês, afirmou que as pessoas sem religião e sem crenças na vida após a morte, na verdade, não temiam a morte. Ele sugeriu que todos os nossos medos em torno da morte decorrem de nossa educação e de nossa formação religiosa, daquilo que nossos pais e sacerdotes nos disseram:

> Em algumas mentes surgem, de fato, horrores inexplicáveis em relação ao futuro; mas estes desapareceriam rápido se não fossem promovidos artificialmente pelos ensinamentos e pela educação. E aqueles que os promovem, qual é a sua motivação? Somente ganhar o seu sustento e adquirir poder e riquezas neste mundo.[11]

Apesar de, obviamente, criticar a corrupção pecuniária de igrejas e sacerdotes em seu monopólio sobre rituais fundamentais, David Hume afirma que as pessoas abandonariam a obsessão com a vida após a morte e as questões relacionadas a inferno e condenação se não fosse pela religião. Além disso, as pessoas perderiam o medo da morte. Para o filósofo, esse medo seria um fator ambiental aprendido, e não algo inato. Nós não nascemos com esse medo, mas somos educados, em nossas crenças, pelas nossas escolas e instituições religiosas. Outra vez essa visão é problemática, pois a remoção da ameaça do inferno e da condenação, provavelmente, não elimina por completo o medo da morte. Isso porque a ameaça da extinção permanece. Tememos a morte porque tememos o fim prematuro de todos os nossos planos e projetos. Pensamos que podemos morrer a qualquer momento, sem aviso, deixando os entes queridos e familiares para trás. E tudo o que tivermos feito em nossas vidas até então — nossa carreira, nosso trabalho e nossas ambições —, equivale a nada na hora da morte.

Existe um enorme medo atrelado a esse tipo de pensamento e, portanto, sugerir que deixar de pensar no inferno (ou coisas semelhantes) nos libertará é algo completamente irreal. Temos que lidar com o medo da morte, pois ele surge precisamente porque morremos. Não é redutível a certas ideias religiosas sobre a experiência pós-morte. Além disso, as pessoas não temem apenas a própria morte, mas também o processo de morrer. Percebemos que não há como saber de antemão como acontecerá. O processo de morte pode ser lento e doloroso, acompanhado por todos os tipos de aflições e doenças. Essa falta de informação cria tremenda ansiedade. Antecipamos uma grande quantidade de sofrimento físico e mental. Podemos ter que suportar a solidão, a falta de apoio familiar, os amigos nos abandonando e não nos visitando e assim por diante. Se formos morrer gradualmente, as pessoas podem parar de nos visitar, de nos dar apoio e encorajamento. Há muitas maneiras de temer o processo de morrer, além de termos que lidar com o medo da morte em si.

Certas pessoas têm um medo excessivo de morrer, mais pronunciado do que a maioria — isso é denominado "tanatofobia", caracterizada pela sensação de extremo pavor da morte. Ele se manifesta como um pensamento constante sobre o tema, evoluindo para algo como uma neurose, uma preocupação devastadora. Os psicoterapeutas sugeriram que há temores subjacentes por trás dessa doença, que ela não é simplesmente o medo da morte. Mesmo assim, em geral, esse medo é onipresente, algo que todos temos, algo que precisamos enfrentar de uma forma ou de outra. Nenhuma negação ou evasão, por maior que seja, fará esse medo desaparecer. As grandes religiões tentaram lidar com o medo da morte porque ele existe e continua a ser um grande propulsor das tentativas de enfrentar os problemas do pós-vida.

No Ocidente, temos superficializado um pouco o problema. Ao longo do último século, a morte vem se tornando cada vez mais institucionalizada e removida da experiência cotidiana. Não é mais uma experiência comum em termos concretos. No passado, as pessoas costumavam morrer em casa, mas isso já não é comum e a reunião habitual de parentes e amigos já não ocorre espontaneamente. Não é mais uma questão comunitária; ao contrário, está escondida do olhar público, resultando em menos contato real com a morte e o moribundo. Estranhamente, a literatura sobre o processo de morrer e sobre a morte tem crescido de forma considerável, e as pessoas, de fato, falam cada vez mais sobre o assunto, ao mesmo tempo em que lidam cada vez menos com o evento em si. A ironia dessa situação é descrita por Ray Anderson, um teólogo cristão, em seu livro *Teologia, morte e o processo de morrer*:

> Existe uma ambivalência fundamental sobre a morte para a pessoa moderna. A morte foi expulsa da nossa vista, saiu do contexto da vida diária. A morte não é mais um ritual significativo da vida familiar ou social. No entanto, há o surgimento de uma consciência bastante específica sobre a morte como preocupação existencial que vai além do evento da morte em si.
>
> Curiosamente, a consciência sobre a morte, na forma dos efeitos psicológicos da morte como condição dessa vida, cresceu em proporção inversa ao silêncio sobre a própria morte. Quando a morte era uma

palavra não proferida que acompanhava a comunhão e o compromisso com os mortos, como um ritual da vida pública e comunitária, praticamente não havia literatura sobre a morte e o processo de morrer.[12]

Na sociedade ocidental contemporânea, ocorre exatamente o contrário, com um autor afirmando que analisou mais de oitocentos livros sobre a morte e o processo de morrer e coletou mais de dois mil artigos sobre o assunto em seus arquivos. No geral, há muito mais palestras sobre a morte e o processo de morrer e muito menos experiência imediata, em termos de lidar com aqueles que estão morrendo ou testemunhar a sua morte. Vemos muitas mortes simuladas na televisão, mas, em geral, temos muito pouco contato imediato com ela em comparação com as pessoas que vivem em países em desenvolvimento, ou comparado a como era no passado.

Por todas essas razões — o medo sempre presente da morte e a nossa falta de contato com ela —, é ainda mais importante ter um encontro adequado com a morte e lidar com o medo porque, do ponto de vista budista, aceitar a nossa mortalidade faz parte do processo de tornar a nossa vida valiosa e significativa. A morte e a vida não são vistas como sendo completamente separadas e opostas, mas como uma dando origem à outra. Elas coexistem de forma complementar. Para os budistas, o objetivo não é superar a morte, mas aceitá-la, familiarizando-se com nossa mortalidade e impermanência. Parece que o ponto de vista cristão sobre a morte é bem diferente, particularmente na teologia protestante, segundo a qual a morte é vista como decorrente do pecado original. Devido ao pecado de Adão, a morte surgiu. Nessa teologia,

Adão foi originalmente criado por Deus como um ser imortal, mas sua transgressão levou a humanidade a ficar sujeita à morte. Consequentemente, alguns teólogos cristãos descrevem a morte como algo antinatural. Como Santo Anselmo afirmou, no século XI:

> Além disso, é facilmente provado que o homem foi feito de modo a não estar necessariamente sujeito à morte; pois, como já dissemos, é inconsistente com a sabedoria e a justiça de Deus obrigar o homem a sofrer a morte sem culpa, quando Deus o fez sagrado para desfrutar da bem-aventurança eterna. Portanto, segue que se o homem nunca tivesse pecado, ele nunca teria que morrer.[13]

A partir disso, nessa visão, a morte e o pecado estão vinculados, e é devido ao nosso pecado que herdamos o nosso senso de mortalidade e a opressiva consciência de sua inevitável chegada. Não era assim até o pecado entrar em cena. Dessa forma, a imagem da ressurreição de Jesus depois de sua crucificação e seu retorno à vida, quando ele domina a morte, tornou-se fonte de esperança para todos os cristãos. A esperança é que, em algum momento, todos nós ressuscitaremos e seremos abençoados com a vida eterna. Essa é uma visão muito diferente da perspectiva budista. De acordo com o budismo, morremos porque somos um produto de causas e condições (*pratityasamutpada,* em sânscrito). Tudo o que é criado é impermanente, está sujeito à decadência e à morte. Os seres humanos não são exceção, pois este é um processo natural. A vida sem a morte é impossível e vice-versa. Portanto, a prática budista tem como objetivo supremo aceitar a morte e cultivar uma atitude que não rejeite a mortalidade como algo grosseiro e ameaçador que nos rouba a vida. Nenhum budista pensa em viver para sempre. Segundo a visão budista, tudo é transitório e impermanente, e a morte e a vida estão de qualquer forma inseparavelmente ligadas uma à outra, mesmo enquanto vivemos, já que o processo de envelhecimento é visto como parte do processo de morrer.

Do ponto de vista budista, não procuramos um encontro direto com a morte em nossas contemplações. Fundamentalmente, olhamos para tudo como sendo transitório e impermanente e trabalhamos a partir daí, começando com observações de natureza bem impessoal e vamos, pouco a pouco, voltando essas observações para aspectos mais íntimos de nossas vidas. Isso pode abranger uma variedade de coisas, como a mudança das estações, a passagem dos anos, meses, semanas ou qualquer alteração no ambiente físico. Nessa abordagem, temos a famosa história da mãe que carregou seu bebê morto nos braços até o Buda para confrontá-lo. Ela lhe implorou: "Você é um ser iluminado, você tem poderes extraordinários, então eu peço que traga o meu filho de volta à vida". Buda lhe disse: "Tudo bem, farei isso se você fizer algo para mim primeiro". "Eu farei qualquer coisa", ela respondeu. Ele lhe disse: "Eu quero que bata em todas as portas desta cidade e pergunte a cada pessoa que atender à porta se já houve alguma morte naquela família. Se lhe disserem que não, então peça-lhes uma semente de mostarda. Recolha essas sementes e depois as traga para mim". A mulher bateu em todas as portas que pôde e retornou com as mãos vazias, dizendo ao Buda: "Eu não quero que você traga o meu filho de volta. Eu agora entendo o que você está tentando me ensinar".

A lição aqui é que a morte a tudo permeia. Não é algo que acontece às vezes a algumas pessoas, mas sim algo que acontece a todos nós. Saber disso pode diminuir a dor do medo da morte. É análogo às pessoas que compartilham algum tipo de problema psicológico ou pessoal. Em algum momento, todos começam a se abrir e a conversar com outras pessoas que enfrentam problemas semelhantes, percebendo, essencialmente, que estão vivenciando a mesma coisa. Dessa forma, o problema fica menos intenso. O argumento do Buda, para a mãe enlutada, de que todos morrem é repleto de compaixão porque, ao pensar "meu filho morreu, eu quero ele de volta", estreitamos o nosso foco, gerando um enorme problema pessoal. É melhor pensar em todas as mães que perderam seus filhos e experimentaram o mesmo sofrimento, pois assim nossa visão se torna mais universal. O problema deixa de ser pessoal e se transforma em algo muito mais amplo.

Em termos de carma, uma questão interessante, do ponto de vista budista, é perguntar se a nossa morte está, de alguma forma, predeterminada. De certa forma, é possível afirmar que há um momento preordenado para morrer, determinado por nosso carma. Quando chega o momento, morremos. Isso seria resultado do carma. Por outro lado, a nossa morte também depende de muitas causas e condições, por isso não está predefinida. Portanto, é predeterminada em um sentido e não em outro. Sabendo disso, espera-se que os budistas, se estiverem doentes, busquem atendimento médico e remédios, se necessário. Eles não aceitam a enfermidade e dizem simplesmente: "Bem, deve ser meu carma morrer agora", sem fazer nada a respeito, pois o momento pode muito bem não ter chegado ainda, por assim dizer; e, se eles não tomarem os cuidados devidos, por causa das causas e condições colocadas em movimento, podem morrer antes do necessário. Mesmo assim, às vezes não importa o que venham a fazer para continuar vivos, será impossível conseguir.

As pessoas não temem apenas a dor e o sofrimento eternos no inferno, mas a extinção, deixar de existir, não estar presente. Esse pensamento é perturbador para muitos de nós, e, assim, a remoção da ideia do inferno não aliviará o medo da morte em si. Temos medo da morte assim como as outras criaturas, mas, na visão budista, o nosso medo está intimamente ligado à nossa noção de um "eu". A meditação ou a contemplação sobre a morte pode ser muito desafiadora no início, mas melhoramos muito se praticarmos, precisamente porque o medo da morte está sempre presente, subjacente a tudo. O sentimento fundamental de ansiedade está sempre lá, por isso é melhor encará-lo e lidar com ele do que evitar essa consideração, pois a ansiedade continuará a influenciar a nossa vida, muitas vezes de forma negativa, se for ignorada. Devemos lembrar também que esse tipo de prática é realizada no contexto de outras práticas budistas, todas destinadas a incorporar e processar a gama de negatividades na mente.

Às vezes, se pensa que os tibetanos têm uma abordagem diferente sobre a morte, tendo crescido aprendendo essa visão. Mas o próprio fato de haver instruções espirituais específicas especialmente desenhadas para esse tema indica que os tibetanos não são diferentes. Eles têm medo, como nós, no Ocidente, não apenas por si mesmos, mas também por deixarem seus filhos e entes queridos para trás. Os tibetanos não desejam envelhecer nem morrer. O medo da morte é onipresente e independente da cultura. Todo mundo o experimenta, mas uma diferença importante na tradição budista é a ênfase em trabalhar esse medo. Portanto, os tibetanos, se quiserem, têm acesso a tradições e práticas dessa natureza. Os monges, por exemplo, vão até campos mortuários ou locais de cremação para praticar e contemplar a impermanência, o que pode parecer um pouco exagerado para nós. No Tibete, os campos mortuários costumavam ficar em locais ermos; eram, assim, locais muito assustadores para praticar, especialmente se a pessoa estivesse sozinha, e era garantido que todos os tipos de medos surgiam. As trombetas de osso de fêmur e outros instrumentos usados nessas ocasiões horrorizaram alguns ocidentais, que descreveram esses rituais como xamânicos, incorporando elementos de magia negra e assim por diante. No entanto, para os tibetanos que viviam em condições físicas primitivas, esses ossos não tinham qualidades mágicas e eram apenas lembretes da impermanência, da transitoriedade. Isso os ajudava a lidar com o medo da morte e também com o medo dos mortos.

Há tradições budistas, como o Zen, que não têm rituais tão elaborados como os encontrados no budismo tibetano. Este último reúne mantras, visualizações e assim por diante, e se concentra mais em estar plenamente atento ao que está acontecendo no momento, evitando todas as construções mentais do que poderia acontecer. Acredita-se que essa é a melhor forma de se preparar para o futuro, incluindo a morte. O resultado final é o mesmo. Ambos os métodos levam a uma maior aceitação do evento, e o objetivo final é o mesmo, ou seja, aumentar a conscientização e desenvolver sabedoria. Além disso, segundo a visão budista, a vida e a morte estão inextricavelmente ligadas, momento a momento. A morte do passado está acontecendo agora, e nunca podemos realmente saber o que vai acontecer no futuro. Podemos dizer que, quando um momento passa, é a morte; quando surge outro, é a vida ou o renascimento. Portanto, viver no momento presente, de forma consciente, nos conecta de forma fundamental com a apreciação da impermanência.

Não importa quão elaborados sejam certos ensinamentos ou técnicas de meditação, o objetivo fundamental ainda é lidar com a experiência imediata, aqui e agora. Não tem muito a ver com o que pode ou não acontecer no futuro, nem com alcançar alguma experiência mística maravilhosa no futuro porque, como os mestres enfatizam continuamente, estar presente aqui e agora é de extrema importância para atingir a iluminação, e ela deve ser alcançada ao lidarmos com as circunstâncias atuais — e não ficar se perdendo em especulações sobre como a iluminação deve ser. Isso não significa dizer que, para conseguir morrer de forma pacífica, devamos ser praticantes budistas. Em última análise, não se pode dizer, a partir das personalidades de cada pessoa, quem irá morrer pacificamente, como Elisabeth Kübler-Ross afirmou. Alguns cristãos morrem pacificamente, outros lutam; alguns budistas morrem pacificamente, alguns morrem protestando, se debatendo e gritando; há ateus que morrem pacificamente e assim por diante. Uma pessoa moderada pode se tornar agressiva e desagradável no momento da morte, se recusando a aceitá-la; outros indivíduos, normalmente desagradáveis, acabam aceitando-a e sendo amáveis. Nós nunca podemos realmente dizer com certeza como alguém reagirá à morte, mas podemos dizer que certas meditações, incluindo aquelas sobre a morte, sem dúvida, ajudarão uma pessoa a aceitá-la mais prontamente. Nunca podemos estar absolutamente seguros, pois a chegada da morte pode produzir pânico mesmo em um praticante dedicado. Mas, se entendermos o que está acontecendo, é provável que seja uma experiência muito menos conflituosa.

Isso nos leva ao fator crítico de integrarmos meditação, estudo e contemplação. Não devemos nos contentar em pensar apenas na impermanência e na morte; temos que ter a experiência real, por meio da meditação. Ler sobre a abordagem do budismo a respeito da morte é importante, mas é preciso desenvolver uma preocupação existencial que se traduza em algo que se aproxime de um encontro real ou de um entendimento sobre a morte. Quando se atinge esse nível, todos os tipos de medos e emoções podem surgir na meditação, e então aprendemos a lidar com eles de maneira muito autêntica. Seguindo esse caminho, evitaremos que nosso conhecimento se evapore durante a própria experiência. Do ponto de vista budista, tudo depende dos nossos hábitos. Assim, refletir sobre a morte nos ajuda a nos acostumarmos, a nos habituarmos. Precisa ocorrer uma transformação emocional e intelectual verdadeira. A maioria de nós tem um bom nível de compreensão intelectual dos fatos, mas esse não é realmente o ponto principal. Um sentido de impermanência tem que ser vivenciado. Se entendermos isso verdadeiramente, lidaremos de uma forma muito melhor com todas as nossas atribulações, como quando terminamos algum relacionamento, quando nos divorciamos, quando nos separamos de nossos entes queridos, quando nossos parentes morrem. Vamos lidar com todas essas situações de modo muito diferente do que seria de outra forma, com uma verdadeira apreciação da impermanência.

Saber em um sentido abstrato que todo mundo morre ou que tudo é impermanente é diferente de realizar a impermanência, enfrentando-a na vida cotidiana. Se experienciamos a impermanência, torna-se mais fácil lidarmos com as tragédias porque entendemos que tudo é impermanente e transitório, que nada dura para sempre. Como o Buda disse, entramos em contato com pessoas e coisas com as quais desejamos não entrar em contato, e nos separamos das pessoas e das coisas com as quais gostaríamos de estar; assim são as coisas na realidade. Da mesma forma, quando a morte ocorre, ainda que seja uma experiência muito assustadora, podemos manter a consciência como descrito no *Livro tibetano dos mortos*, o que é importante. O medo ainda pode estar presente, mas manter uma sensação de equilíbrio é essencial. Meditantes budistas podem se separar de seus companheiros e experimentar grande estresse e dor, mas são capazes de não ceder a essa dor por inteiro, não se deixando dominar pelo sofrimento. Isso se aplica à sua própria morte também.

7. Imortalidade, reencarnação e renascimento

A visão budista do renascimento, como vimos, refuta a noção de uma alma imortal porque nega que haja algo permanente nos aspectos físicos ou mentais dos fenômenos. O Buda categorizou as teorias predominantes em sua época sobre o corpo e a alma em dois grupos diferentes, com entendimentos equivocados, tema que também já abordamos. O primeiro grupo inclui aqueles que negam a separatividade de corpo e alma — na morte, nos tornamo extintos, sem vida posterior ou algum futuro. O outro grupo é aquele que considera que corpo e alma são totalmente separáveis. O corpo é perecível, mas a alma é imortal, e a alma continua a sobreviver de um nascimento para outro. O Buda chamou o primeiro grupo de "niilistas", e o segundo, de "eternalistas". Curiosamente, não é uma situação diferente da que enfrentamos hoje, com os materialistas humanistas, por um lado, negando a existência da mente ou consciência e rejeitando qualquer noção de sobrevivência após a morte individual; as tradições religiosas, por outro lado, postulam uma alma que sobrevive à morte e que continua a existir de uma forma ou de outra. A visão budista sobre o renascimento, ao contrário, se baseia no chamado Caminho do Meio, que evita esses dois extremos, ou seja, a negação da continuidade da consciência ou da mente, e a existência de um princípio psíquico imutável (*atman* ou alma, ou alguma outra forma de descrever um "eu" maior). De acordo com o Buda, tanto o corpo quanto a mente estão sujeitos a mudanças contínuas, e assim, mesmo na morte, o que é transferido de uma vida para outra não é um princípio psíquico imutável, mas diferentes elementos psíquicos de forma conjunta, *samskaras* — memórias, várias impressões e assim por diante, sendo que nenhum deles é imutável.

O conceito budista de renascimento, portanto, precisa ser claramente separado das definições com as quais ele é confundido, em especial a ideia de reencarnação, muitas vezes associada ao hinduísmo, em que se afirma que alguém retorna em um corpo diferente, mas com a mesma alma. O renascimento budista também precisa ser distinguido da antiga ideia grega de imortalidade e da noção cristã de ressurreição, pois ambas se referem a uma alma imortal. Porém, elas diferem em atribuir essa natureza imortal a Deus. No entanto, um princípio psíquico imutável que sobrevive à morte e continua de uma vida para outra é inerente a todas essas ideias.

No budismo, aquilo que "reencarna", para usar esse termo, não é um "eu" imutável, mas um conjunto de componentes psíquicos. Não é a mesma alma reencarnando. É um renascimento. É o mesmo indivíduo que voltou ou assumiu uma nova vida, mas esse indivíduo é totalmente diferente porque tudo nele mudou. Existe apenas uma continuidade, mas não uma identidade no sentido estrito.

O Buda apontou crucialmente que apenas a continuidade existe — cada momento não é nem o mesmo nem é diferente, como afirmado acima, e não existe nenhuma noção de identidade. As impressões cármicas são transferidas de uma vida para a outra, mas não há nada no conjunto desses elementos psíquicos que permaneça o mesmo, no sentido de poder sustentar a ideia de uma identidade que sobrevive. O estudioso budista Francis Story defende o mesmo ponto:

> Muitas incompreensões a respeito da doutrina budista sobre o renascimento foram criadas no Ocidente pelo uso indevido das palavras "reencarnação", "transmigração" e "alma". (...) "Alma" é um termo ambíguo que nunca foi claramente definido no pensamento religioso ou filosófico ocidental; mas, em geral, significa a soma total da personalidade de um indivíduo, uma entidade duradoura do ego que existe com relativa independência do corpo físico e sobrevive após a morte. A "alma" é considerada o fator de personalidade que distingue um indivíduo de outro, e supostamente é composta por elementos da consciência, da mente, do caráter e de tudo o que compõe o lado psíquico e imaterial de um ser humano (...). O Buda negou categoricamente a existência de uma "alma" no sentido acima definido. O budismo reconhece o fato de que todos os fenômenos condicionados e compostos são impermanentes, e isso por si só torna impossível a existência de tal "alma".[14]

O Buda, ao rejeitar a ideia de alma, também rejeitou o conceito de reencarnação. Ele estava, portanto, em desacordo com muitas das tradições hindus da Índia que sustentavam o conceito de uma alma que sobreviveria à morte e passaria a viver uma série de vidas. Na visão budista, apenas um conjunto de elementos psíquicos é transferido de uma vida para a outra, e eles, assim como tudo, estão sujeitos a mudanças. Todos os fenômenos físicos e mentais são compostos ou condicionados, e tudo o que é condicionado tem suas causas, enquanto tudo o que é causado é impermanente e sujeito a mudanças. Nada pode ser permanente. Portanto, a visão budista não pode ser vista como semelhante ou, de alguma forma, compatível com as outras crenças que mencionamos. É uma alternativa a elas, o que não quer dizer que seja superior. A ideia budista de renascimento é incompatível com a ideia hindu da reencarnação, teorias de uma alma imortal e ressurreição. É importante reconhecer essas diferenças aqui, em vez de misturar ideias distintas.

Esses vários conceitos de "eu" ou da alma que temos, de acordo com o budismo, são construções mentais e não são algo que podemos sair a procurar ou definir em qualquer sentido real, e é por isso que diferentes pessoas têm ideias diferentes sobre o que esse "eu" possa ser. Certas tradições apontam para o próprio observador como algo semelhante a esse "eu" real. Porém, o budismo, particularmente a tradição Madhyamaka, também nega essa visão de um observador. Portanto, o conteúdo da tradição budista é claramente distinguível de determinadas tradições hindus, em especial a Advaita Vedanta, que reivindica a presença da chamada consciência testemunha — outra noção de *atman*, ou uma concepção transcendente do "eu". Essa noção Vedanta fala de um observador que avalia nossas experiências, sensações e percepções, mas não é aquilo que observa. Não pode ser identificado como um "eu" poderia ser, porque não é um objeto de percepção; no entanto, há um observador ali, considerado diferente daquilo que é observado. Para o budismo, além da objeção fundamental à substância da alma, há outro problema. Ficar preso na ideia de um observador gera uma regressão infinita: o observador está sendo observado, e outro observador observa que o observador observa o observado. Isso segue indefinidamente, cada vez mais, o que realmente explica muito pouco. De acordo com o budismo, nada se esclarece a partir dessa lógica que, de qualquer forma, nunca pode ser resolvida satisfatoriamente. No que diz respeito ao observador do observador, somos seres conscientes e apenas por meio da consciência estamos conscientes das coisas, ao contrário de estarmos inconscientes delas. Seguindo a partir desse ponto, atingir a iluminação significa ficar muito mais consciente em nosso estado de vigília do que a maioria de nós normalmente é. Não há necessidade de criar uma entidade extra, um "eu" real, para ter a ideia de um observador, porque a função da consciência é observar e estar ciente. Por isso mesmo a chamamos de "consciência", ou *shepa*, em tibetano, que significa "saber". Caso contrário, seríamos inconscientes e não seríamos diferentes dos objetos inanimados.

Há um observador no budismo, é claro, mas ele não é um "eu real", imutável, que observa. Se não houvesse nenhum "eu", nós não meditaríamos, pois não haveria sentido, já que ninguém iria se beneficiar. Portanto, um "eu" convencional não é negado. De acordo com o budismo, o observador de que falamos, aquele que vive a experiência, é o conjunto de funções e atributos descritos pelos cinco *skandhas*, e os investigamos diretamente por meio de técnicas de meditação. Nós olhamos para o nosso corpo e descobrimos que não somos o nosso corpo, não somos nossos sentimentos nem nossa memória. Esse alguém ou algo chamado "eu" ou "mim" é então investigado como uma entidade separada, que existiria completamente independente de nossas preferências, disposições, características e personalidades.

Normalmente, pensamos que "nós" temos essas coisas, essas características pessoais, mas, de alguma forma, o "eu" permanece diferente de todas as coisas que nós possuímos. Nessas investigações sobre nós mesmos, depois de invalidar todos os aspectos que concluímos não nos definir, perguntamos: o que resta então? Nada. Se não somos essas coisas, se não somos nossas memórias, disposições, corpo, nome, ocupação ou quaisquer atributos físicos e mentais, então o que somos? No entanto, postulamos em um nível profundo algo que é separado de todas essas coisas. É nesse momento que o budismo afirma que não existe ninguém ali. Com uma investigação minuciosa, descobrimos isso; descobrimos ou percebemos o "não eu". Nós não somos seres não existentes, fantasmagóricos. Somos bem reais. Só não temos uma essência interior sobre a qual podemos dizer: "Bem, esse sou eu". Quando descobrimos isso, percebemos o "não eu". Existem os cinco *skandhas* que compõem o "eu" convencional, e isso é suficiente. Para que precisamos de algo mais? Podemos chamar uma mesa de mesa sem nos preocuparmos demais com algo chamado essência de mesa. É fácil para nós entendermos e raciocinarmos dessa maneira — que a mesa é não existente no sentido de que ela tem uma essência: a mesa é não apenas suas pernas ou o tampo. Podemos separar as peças da mesa e ver que não há "essência de mesa" nelas. A mesa é o que vemos, com as pernas e o tampo e assim por diante. O "eu" não é diferente: somos as nossas sensações, memórias, aspirações, medos, ambições — todas essas coisas que temos é o que somos. Nós somos os cinco agregados/*skandhas*. Descobrir que não há nada além desse ponto, saber que não há algo como a "essência da mesa" ou "eu", é realizar a vacuidade, ou shunyata. Shunyata não é encontrada na forma de uma entidade separada além das várias coisas existentes.

Existe, é claro, um observador, porque há consciência. É a presença de um observador que permite integrar os nossos agregados e usá-los como uma pessoa íntegra. Uma pessoa esquizofrênica, por exemplo, não é capaz disso. Duvida-se que os esquizofrênicos, com tantas identidades diferentes de si mesmos, possam integrar muitas coisas, pois são incapazes de assumir a posição de observadores do que está ocorrendo dentro de si mesmos. A faculdade integradora do "eu" está se dissolvendo, no caso desses pacientes. As pessoas relativamente normais, mesmo depois de terem meditado sobre a ausência de um "eu" real, ainda virão a se manifestar com um sentido de ser capaz de integrar as diferentes partes do corpo e dos membros. Portanto, em vez de abandonarmos completamente esse entendimento, é realmente muito valioso que o mantenhamos. Devemos nos esforçar para não perdê-lo.

Há um problema em discutir essas questões, pois tendemos a usar a linguagem dos "objetos" em vez da linguagem do "processo". O princípio do processo nega a necessidade de definir tão insistentemente o observador como uma entidade, como fazemos ao usar a linguagem dos objetos e as filosofias da matéria. A observação e a construção de um senso de si mesmo são um processo ou muitos processos. Da mesma forma, a ideia de consciência geralmente é descrita como se fosse estática. Diz-se que algo ou alguém está "na" minha mente, ou "na" minha consciência. É como se a mente fosse uma vasilha e todos os pensamentos e processos mentais que possuíssemos fossem outra coisa. Do ponto de vista budista, porém, a mente não é como uma vasilha, pois sem esses processos conscientes não há como falar de uma consciência como sendo algo separado.

Obviamente, se afirmarmos que a definição de um "eu" é falsa no sentido acima, então, logicamente, os agregados/*skandhas* devem ser tratados de forma semelhante a uma falsa imputação. Se eles são definidos como "eu", como podem ter um renascimento dentro do entendimento budista? Mais uma vez, assim como acontece com a noção de "eu", o único argumento negado é que os agregados ou *skandhas* sejam permanentes — nada além disso. Os agregados, ou os cinco constituintes psicofísicos de forma, sensação, percepção, formações mentais e consciência, têm existência, são reais. Os agregados (excluindo o primeiro *skandha* do corpo/forma) renascem e, juntos, compõem o "eu". Assim, da mesma forma que os objetos materiais que usamos e manipulamos têm realidade mas não têm existência inerente, assim são os elementos da mente. A existência inerente é o que não existe. O pensamento dominante se constrói em termos de uma essência das coisas, como demonstrado na forma como persistimos em vê-la nos objetos materiais. Nenhuma afirmação diz que tudo o que percebemos é totalmente ilusório e não tem existência alguma. Mas, simplesmente, não há existência inerente. Isso é a ilusão. A ilusão não está em perceber os objetos, nem em considerar que os objetos sejam completamente não existentes.

Se somos um conjunto de processos, então, à medida que as disposições atuais mudam, o nosso processo de consciência muda, sendo este precisamente o motivo pelo qual a iluminação é possível. Nós não atingimos a iluminação apenas por estarmos vivos, mas por alcançarmos maior compreensão, uma visão mais ampla. Compreender todos os diferentes aspectos de nós mesmos é o que nos aproxima da iluminação. Atingir a iluminação é conseguir duas coisas: ter menos aflições emocionais e ter maior clareza mental. Isso é conquistado pela prática da meditação e pelo cultivo da atenção plena e da consciência. E, mais uma vez, as práticas de atenção plena e consciência também são processos que permitem a transformação da mente. Pode haver muitas confusões, delírios e obscurecimentos, mas a mente, por meio de um processo, pode se tornar mais atenta, mais consciente e mais desperta, precisamente porque está mudando. Se, pelo contrário, ela fosse fixa, seríamos incapazes de mudar, e ela necessariamente permaneceria, independentemente de nossa natureza, o que tornaria impossível a transformação da consciência. Portanto, não há necessidade de temer essa ideia de falta de um princípio psíquico inerente e imutável. Não vamos desaparecer, nem perder nada, nem nos tornar menores de alguma forma. Nós realmente nos tornamos maiores porque adquirimos maior compreensão de tudo o que está envolvido.

8. A teoria do carma como possível base para a ética

Aceitar a teoria do carma não implica negar a inspiração que algumas pessoas desenvolveram a partir de sua crença em Deus e as boas ações que realizaram por causa dela. A inspiração ética de uma pessoa pode vir de tal fonte, o que é considerado muito favorável a partir da perspectiva budista. Podemos, sem dúvida, fundamentar nossos valores éticos e morais em crenças diferentes do carma e levar uma vida moralmente edificante como teístas ou como crentes em ideais seculares nesse assunto. No entanto, a teoria do carma oferece uma visão alternativa, um tipo de base diferente para teístas e ateus, uma base que, de fato, faz mais sentido de muitas maneiras, como argumentaremos neste capítulo.

Para resumir muito brevemente, a perspectiva teísta, na qual existe um Deus onisciente, considera a nossa relação com a ação moral como algo que deve ocorrer de acordo com os desejos do Todo Poderoso. Se existe um plano divino, então tudo é criado de acordo com ele, incluindo o mundo físico e o nosso mundo mental; cabe a nós encontrar o nosso papel e trabalhar para alcançá-lo, dentro da lei natural de Deus. Ao fazê-lo, seguindo as escrituras ou a palavra de Deus, prosperamos; mas, se resistirmos ou nos desviarmos, sofremos. Essa não é uma ideia incomum, mesmo para o hinduísmo. Do ponto de vista filosófico, esse pensamento não resulta em um comportamento moral. Atuar de acordo com o que consideramos ser uma ordem divina universal não é ser moral nem ético, mas simplesmente obedecer a regras, o que não constitui um ato moral. Para agir de maneira moral, temos que fazer escolhas. Trata-se de ponderar as decisões — "Devo fazer isso ou não?". O nosso desejo é confrontado com outra consideração primordial. Tomar decisões nesse contexto de escolha é ser moral. Muitas ideias teístas sobre como se comportar não fazem referência a essa escolha.

Os ideais seculares são um pouco melhores como base para a conduta ética. Usando como exemplo os ideais muito proeminentes dos direitos humanos e da justiça, embora muitos tenham tentado, ninguém ainda conseguiu construir uma sólida base ética com essas premissas. As mentes mais brilhantes da filosofia ocidental e das ciências sociais deixaram de fazer avanços significativos. John Rawls não conseguiu fazê-lo em seu clássico *A theory of justice*, nem Jürgen Habermas conseguiu na ciência política e na filosofia social. É comum esperar que as noções de justiça e direitos sejam óbvias, mas esse, definitivamente, não é o caso. Elas estão longe de serem óbvias. Na verdade, baseiam-se em argumentos frágeis. Como é típico das ideias dessa natureza, são altamente idealistas. O que constituiria justiça, por exemplo? A estratégia em geral utilizada envolve a criação de diferentes cenários possíveis para se chegar a uma definição de justiça em uma situação ideal, a partir da qual o estudioso espera destilar um ideal praticável que se possa aplicar a uma multiplicidade de situações. É certo, no entanto, que nenhuma sociedade existente se assemelha a esses cenários ideais. Até nesse nível abstrato e sem qualquer aplicação prática, é impossível que essas teorias sejam universais, mesmo sendo muito liberais e abrangentes. Outros pensadores simplesmente não concordam com esses modelos.

Há um lugar para os conceitos de direitos e justiça, mas estes não podem ser a base para a moralidade. Como vimos, os direitos de um grupo de pessoas podem ser a violação de direitos de outro grupo, e o que é justiça para um é injustiça para o outro. Por isso temos tantos conflitos. Os terroristas estão lutando por justiça, os antiterroristas estão lutando por justiça e assim por diante. Deve-se questionar: quão eficaz é essa invocação da ideia de direitos e justiça? Os conflitos estão sendo resolvidos dessa maneira? O conceito de carma e os seus princípios têm mais valor como base moral do que as ideias seculares, mesmo sem se tornar um sistema de crenças completo para um indivíduo. Em um nível bem prático, não é melhor que os estupradores pensem que o seu crime é um ato depravado do que simplesmente tenham medo de ser aprisionados? Esse tipo de justiça, atualmente administrada, não ajuda de fato porque não promove nenhuma mudança essencial no indivíduo. Uma vez que os infratores são libertados, eles provavelmente cometerão o mesmo crime outra vez. O debate público está atualmente dominado por preocupações sobre o que é preciso ser feito, com pouca atenção ao que pode constituir uma base moral para essas decisões. O budismo é capaz de abordar essa situação de forma adequada, pois ensina a decidir sobre o que é benéfico e saudável, e não sobre o que é certo ou errado. Perguntamos a nós mesmos: "Qual é a escolha que gera benefícios para nós e para os outros?" e "Qual é a escolha que prejudica o bem-estar?".

Gampopa, em *O ornamento da preciosa liberação*, discute o fato de que valores morais ou éticos reais devem emergir de dentro de nós, e essa é realmente a base da teoria do carma. Os valores morais não vêm de fora; eles têm que vir de dentro de nós. Não podemos, depois de ter feito algo errado, achar que não é nossa culpa. Isso não é colocar a culpa na vítima, o que se tornou uma crítica comum à teoria cármica nos últimos tempos. A teoria cármica não é mecânica ou simplista desta forma, como já vimos. Essa teoria não afirma simplesmente que os acontecimentos se devem ao seu carma, às sementes plantadas, e que, portanto, as vítimas são culpadas e merecem tudo o que acontece com elas. Tal concepção é completamente contrária à visão budista. Além disso, uma vez que o budismo não reconhece um agente independente, também não existe um agente moral independente atuando com plena consciência. Uma pessoa que age em plena consciência seria um ser iluminado — em outras palavras, um buda. Mas como os budas são incomuns, a maioria de nós faz coisas estúpidas por ignorância e, desse modo, não somos tão plenamente responsáveis por nossas ações quanto seríamos se agíssemos com total conhecimento do que estamos fazendo. Algumas pessoas podem, às vezes, ter interesses ocultos, um objetivo verdadeiro de premeditação e deliberação, mas isso é outra questão. Se fôssemos agir de acordo com esses interesses, ainda assim enfrentaríamos o peso total das consequências cármicas que se seguiriam. É importante ter em conta que nossas motivações não são tão óbvias. Ainda sofremos com as nossas ações porque ainda somos ignorantes, é claro, mas não da mesma maneira. Existe uma ampla gama de possibilidades com base na intencionalidade, como já vimos. Se atropelarmos e matarmos um cervo enquanto dirigimos um carro, por exemplo, somos menos responsáveis, do ponto de vista cármico, do que se matarmos esse cervo pela caça.

A verdadeira distinção a respeito da teoria cármica é que ela está diretamente relacionada com a natureza humana e com o modo como devemos interagir com os outros seres humanos. A moral está fundamentada na compreensão da nossa própria natureza. Em suma, devemos ser morais por causa de nossa natureza humana. Essa é uma vantagem definitiva da abordagem cármica. Podemos ver o quanto é importante nos comportarmos de certa forma, pois isso interessa a nós mesmos. Não somos convidados a fazer tal e tal coisa porque podemos ou devemos, ou porque é esperado de nós. Em vez disso, fazemos certas coisas porque, após reflexão e contemplação, ao compreender a nossa natureza e como somos — os pensamentos que temos, como nos sentimos, nossos desejos e aspirações —, naturalmente concluímos o que é necessário para satisfazer essas aspirações e esses desejos. O budismo nos encoraja a olhar profundamente essas coisas e a embarcar, em algum momento, em um esclarecimento dessas ideias, com o objetivo de aprender a administrá-las da forma correta.

A moral, dessa forma, está intimamente ligada ao nosso próprio senso de individualidade e identidade. Portanto, no budismo, quando nos comportamos de forma ética, somos verdadeiros conosco; e, quando nos comportamos de forma não ética, estamos enganando ou prejudicando a nós mesmos. Ao sermos fiéis conosco, estamos gerando carma positivo e, quando nos prejudicamos, geramos carma negativo. Em geral, pensamos em comportamentos antiéticos como intrigas, fraudes, mentiras, formas de enganar outras pessoas; entretanto, no fim, o autoengano é a verdadeira raiz da corrupção moral. A corrupção moral não tem nada a ver com o pecado. Não é nossa natureza pecaminosa que nos impulsiona a agir de certas maneiras, mas sim nossos conflitos e distorções internas, os nossos meios de enganar a nós mesmos. Muitas vezes, pensamos: "estou fazendo isso porque é tão bom para mim", mas não é nada benéfico. Observando isso em nós mesmos, em nossa natureza, podemos mudar de tática e reconhecer a necessidade de uma nova abordagem: "ah, tudo bem, eu deveria fazer as coisas de maneira diferente, se eu desejo avançar, se eu desejo levar uma vida mais gratificante — deve haver outra maneira". Fazer as coisas da maneira que sempre fazemos é um caminho autodestrutivo na maioria das vezes. Não gera fruto nem irá gerar. É mais útil olhar para nós mesmos como uma obra em execução, ainda não terminada, em vez de ter que encontrar um "verdadeiro eu" escondido em algum lugar. O Buda não colocou nenhuma ênfase na ideia de seguir em algum tipo de busca metafísica do "eu". Ele achava inútil. De fato, uma busca impossível. Ele considerava ser necessária uma abordagem mais prática para encontrar a si mesmo.

Começamos a nos ver e a entender a nós mesmos em termos de nossa natureza, nossa natureza humana muito elástica. Para fazer isso de forma adequada, de acordo com o budismo, às vezes devemos adotar um ponto de vista funcional ou estrutural. Precisamos ver como os elementos estruturais interagem. Precisamos ver os nossos efeitos no meio ambiente, nos outros e em como estamos reagindo a isso para entender como o carma é gerado nesse processo. Em nossas interações com os outros, em cada ocasião, percebemos certas experiências que definitivamente deixam impressões. Não temos experiências que simplesmente desapareçam. Algumas experiências vão se apagando, outras não. Mas, mesmo as experiências que desaparecem, não são inteiramente apagadas de nossa consciência. Elas ainda permanecem no estado inconsciente.

O filósofo alemão Martin Heidegger escreveu sobre temas semelhantes, dizendo que o mundo em que nos encontramos parece estar logo diante de nós, e não pensamos nem especulamos sobre isso. Todos os objetos do mundo — mesas, cadeiras, casas e todo o resto — simplesmente parecem estar lá. De acordo com Heidegger, essa é uma maneira não científica de olhar para as coisas. Na verdade, todas as coisas estão carregadas de significado. Para nós, uma mesa é uma mesa porque "mesa" tem um significado. Um martelo é um martelo porque "martelo" tem significado — é algo que usamos para pregar pregos. Uma colher serve para levar comida até a boca e assim por diante. O carma é criado assim, alocando significado às nossas experiências. Não haveria nenhuma mesa presente se não fossem as ferramentas que transformam os pedaços de madeira em móveis, o que, por sua vez, depende de uma tradição de projeto. Os homens das cavernas não tinham necessidade ou concepção de mesas ou cadeiras; eles usavam um pedaço de pedra. Para ter mesas, precisamos da ideia de madeira, que vem das árvores, as árvores vêm das florestas e as florestas são fruto das condições geológicas que permitem seu crescimento. Portanto, é necessário uma série de significados, e o carma é criado a partir disso. Criamos carma porque tudo o que vemos significa algo para nós. E como tudo significa algo para nós, tudo nos desperta emoções e sensações e, por meio disso, o carma é criado. No entanto, esse mesmo significado dado às coisas tem a ver com a interdependência dos fenômenos. Por isso, uma compreensão profunda nos libera do aprisionamento cármico. Saímos da prisão pela compreensão desse processo.

Nós atribuímos um significado a tudo o que percebemos, e, ao fazê-lo, somos influenciados pela experiência. Fosse de outra forma, permaneceríamos inalterados, parecendo cientistas descompromissados em um laboratório, um pouco entediados e levemente interessados ao mesmo tempo. Pareceríamos correr um risco oposto àquele para o qual o budismo nos alerta persistentemente: nossa propensão disfuncional em ver tudo como objetos separados de nós, de forma dualista. Na verdade, fazemos os dois. Transformamos as coisas em objetos ao ver tudo de maneira dualista — sujeito e objeto, observado e observador —, mas também não conseguimos ver tudo como objetos e, assim, acabamos adotando uma visão muito pessoal. Nós transformamos as coisas em objetos por não vermos suas interconexões, mas, por outro lado, como normalmente estamos muito confusos, não conseguimos ver nada de forma muito clara. Tudo se torna projeção. Então, fazemos as duas coisas: transformamos coisas em objetos e vemos tudo de forma muito tendenciosa. Mas, quando transformamos coisas em objetos, não vemos o objeto sob uma luz clara. Ver as coisas de forma dualista não significa que as vemos com clareza. Elas ainda fazem parte da projeção. Então, quando se diz que nos vemos como separados de outros seres, isso não quer dizer que realmente percebemos o outro em um sentido objetivo real. Pelo contrário, nós os estamos vendo subjetivamente. Estamos vendo o outro subjetivamente como "outro". É exatamente assim que o carma é criado, por meio da visão dos outros de forma objetiva, porém subjetivamente. Ao mesmo tempo, projetamos todos os tipos de coisas na situação que enfrentamos, atribuindo-lhe todos os tipos de qualidades e características.

O carma opera em um cenário de interdependência. Sem dúvida, são as pessoas que criam o carma, mas é quase sempre dentro de um contexto interpessoal, o que se reflete na forma como representamos simbolicamente a nós mesmos e aos outros, e como representamos o mundo para nós mesmos. Portanto, há um relacionamento pessoal e interpessoal com esse simbolismo, o que nos permite gerar diferentes carmas a partir da mesma experiência, transformando uma experiência comum em algo único, variável de indivíduo para indivíduo. Como seres humanos, somos propensos a confiar nos nossos conceitos e ideias, ainda mais do que nos nossos sentidos, porque não nos satisfaz simplesmente ver, sentir ou provar algo; temos que saber o seu significado. Esse processo começa no nível muito básico de dizer: "Ah, isso cheira bem", "Oh, isso cheira mal", "Isso é realmente lindo" ou "Isso é repulsivo". A partir desse ponto, começamos a simbolizar o que experimentamos, e os símbolos ficam cada vez mais complexos à medida que nossas abstrações vão se tornando mais refinadas. O ponto básico é que não nos contentamos em cheirar ou provar, e é através do nosso engajamento nesse nível adicional que criamos abertura para a produção de novos carmas.

Para o Buda, a psicologia e a moral sem dúvida andam juntas. O que pensamos, o que sentimos, o que sonhamos, os nossos planos de vida e o que esperamos de nós mesmos, todas essas coisas são significativas, porque, como seres humanos, usamos símbolos para representar a realidade. Não podemos simplesmente acessar um mundo sem mediação, mas, sim, encontramos um mundo cheio de representações simbólicas. Tudo o que encontramos significa algo para nós. Sempre que vemos coisas, selecionamos certas características do que vemos. Em termos dos objetos comuns, podem ser mesas e cadeiras, uma casa, um carro, movimentos, pessoas, expressões faciais das pessoas — todas essas coisas. Nós extrapolamos os objetos e atribuímos a eles certos significados — isso é ameaçador, é sedutor, é divertido e assim por diante, gerando carma dessa maneira. Assim, no budismo, psicologia e moral são inseparáveis. De fato, é a falta de atenção ao aspecto psicológico do que está se desenrolando a partir de nossas ações e observações que causa grande parte das dificuldades experimentadas em nossas vidas. Existe uma verdadeira desconexão ocorrendo. Enquanto estamos ocupados pensando "eu deveria fazer isso ou aquilo, eu deveria me comportar assim ou assado", damos pouca atenção ao que está acontecendo na nossa mente. Se prestarmos maior atenção à atividade real da consciência, isso será transportado para as nossas ações.

A psicologia é crucial porque o que pensamos é o que nos tornamos. De fato, nossas emoções surgem dos nossos pensamentos. Se pensarmos, por exemplo, que nossa esposa está tendo um caso, nossas emoções surgirão imediatamente, em menos de um segundo. Quase ao mesmo tempo em que o pensamento ocorre, a suspeição está lá, e o ciúme está lá. Depois, elaboramos: "Ele é mais bonito do que eu?". "Ele é mais bonito ou mais inteligente?".

Assim o carma é criado. O carma surge dessa maneira porque agimos com base em nossos pensamentos, de uma forma ou de outra. Mesmo a omissão é uma forma de ação, um ato cármico, e a teoria cármica contém a ideia de ação e omissão. Para continuar com o exemplo acima, podemos resistir a dizer qualquer coisa ao nosso cônjuge ou parceiro, mas, em nossa mente, continuamos irritados, com ciúme e ruminando. Quando o nosso parceiro nos pergunta o que houve, nós respondemos: "Nada!". O carma ainda está sendo criado. O Buda deu ensinamentos profundos sobre esses assuntos. Faz sentido, e sabemos que é verdade, que se não conseguimos lidar adequadamente com certas coisas que sentimos ou vivenciamos, o hábito de se omitir terá um efeito prejudicial sobre a nossa vida futura, nos privando de felicidade potencial simplesmente porque ficamos presos a essa maneira negativa e inútil de lidar com as questões.

Como vimos, a dimensão moral do carma levou muito tempo para evoluir, e o Buda desempenhou papel significativo e original na transição do carma de um conceito mais ou menos institucional, envolvendo o culto de deidades e de conformidade a uma ordem superior, para uma questão pessoal. Mesmo assim, até hoje, as pessoas falam de "lei cármica" quando isso é algo que não existe. A ideia de "lei" é puramente uma invenção ocidental, pois não há nenhuma citação equivalente em tibetano, sânscrito, chinês ou japonês. O mal-entendido parece derivar, pelo menos em parte, da ideia de lei natural desenvolvida pelos primeiros filósofos gregos e, posteriormente, pelos cristãos, em especial Tomás de Aquino. O Tomismo, como é denominado, influenciou profundamente o pensamento ocidental sobre moralidade, direito e justiça, direitos humanos e assim por diante. Esses conceitos, segundo ele, são baseados no que está posto, na ordem natural das coisas, na lei natural — se alguém age de acordo com essa verdade universal, a justiça se faz; se não, a justiça falha. Esse tipo de moralidade pode ser chamado de autofundada, pois é autorreferenciada, baseada em si mesma. O raciocínio a partir dessa base é completamente estranho à maneira budista de pensar sobre a base ou o fundamento da ética.

Uma base moral autofundada é sempre potencialmente perigosa. Por um lado, encoraja tipos de pensamento e comportamento moralistas, dogmáticos e puritanos. Também tende a alimentar a neurose moral e os comportamentos obsessivos — por exemplo, as pessoas podem querer se banhar repetidas vezes durante o dia para permanecer puras e podem desenvolver repulsa ao contato corporal com outras pessoas. A obsessão moral é uma reação psicológica comum à noção irresistível de uma lei estabelecida. O budismo oferece a possibilidade de uma base moral não gravada em pedra. Quando o Buda falou do carma, não o fez em referência a princípios morais dependentes de circunstâncias e situações estranhas. No budismo, mesmo o que chamaríamos de atos hediondos, como o assassinato, está sujeito à consideração moral das circunstâncias atenuantes e todos os elementos de uma situação precisam ser levados em consideração, como já explicamos. Não há nada de absoluto sobre tais questões, em termos de repercussões cármicas, porque o raciocínio fundamental por detrás do carma é que ele opera de acordo com o relacionamento de um ser vivo com os outros. É assim que o carma funciona. É o efeito sobre nós e os outros que determina se uma ação é positiva ou negativa, e não a ação em si. Mais uma vez, precisamos ter cuidado com esse ponto. Não devemos pensar que podemos fazer o que quisermos porque parece positivo. A teoria cármica gira em torno da preocupação com o que realmente promove o nosso próprio bem-estar e o dos outros. Se algo é certo ou errado é uma questão secundária; o foco principal é se o ato é benéfico ou prejudicial. Fazer o que é carmicamente benéfico nos faz felizes, e fazer o que é carmicamente prejudicial nos torna infelizes, a longo prazo. A teoria cármica acomoda o interesse próprio neste respeito. Devemos nos preocupar com nós mesmos e pensar sobre o que de fato nos beneficiará, e devemos refletir sobre isso seriamente.

A noção de equanimidade é importante em relação ao nosso interesse próprio, porque, por um lado, o carma é criado devido aos nossos hábitos, e permanecer calmo e atento é reduzir o impulso de nosso comportamento impensado. Essa é a primeira abordagem fundamental para o cultivo mental no budismo, a pacificação do pensamento desenfreado. Isso reduzirá os nossos hábitos negativos, aqueles que sempre reforçam os hábitos já existentes. Mas também há o aspecto de cultivar o carma positivo, pouco conhecido no Ocidente, onde, tipicamente, quando pensamos no carma em algum momento, em geral é no seu aspecto negativo, como parte do nosso aprisionamento no samsara, e, portanto, como algo de que temos que nos livrar ou reduzir o mais rápido possível. Ao adotar essa atitude, toda a ideia de cultivo do carma é ignorada. Tradicionalmente, porém, o budismo considera o aspecto negativo do carma como resultado de uma falta de desenvolvimento. Nosso comportamento é governado pelo pensamento desenfreado, sem reflexão; nós agimos em um estado distraído por hábito, quase inconscientemente. Ao ver o outro lado da questão e aprender a cultivar o carma, lidando com os hábitos com os quais precisamos trabalhar, nos tornando mais reflexivos, o carma adquire um conceito libertador. Quando novos pensamentos emergem em nossa mente, surgem dentro de um certo estado mental. Eles criam raízes e prosperam ou diminuem e perecem, de acordo com nosso cultivo de pensamentos benéficos. Na verdade, esses hábitos positivos, ativamente encorajados e estimulados, também têm o potencial de deixar de ser apenas hábitos.

Sem dúvida, é desejável que possamos progredir até um ponto em que cada vez menos carma seja criado, porque mesmo o carma positivo, do ponto de vista budista, é incapaz de produzir total liberação. Qualquer carma é uma amarra. Mesmo ao criar carma positivo não ficamos realmente livres, mas certamente somos mais livres do que ao criar carma negativo. Nós só temos que olhar exemplos de nossas próprias vidas, por exemplo, quando estamos bravos com alguém. Nós nos sentimos, de alguma forma, presos numa dinâmica, e a maneira como tudo se desenrola parece ser restritiva. Em um tipo de relacionamento baseado na bondade amorosa, em contraste, surgem diversos tipos de possibilidades; a interação não está tão estruturada. Nesse tipo de relacionamento, podemos nos expressar de formas muito diferentes; é algo fluido e, portanto, tem menor capacidade de formar hábitos. Como sabemos, relacionamentos negativos tendem a ser extremamente rígidos. A briga da noite passada reinicia idêntica pela manhã; surgem as mesmas palavras e os mesmos gestos: "Você disse isso!", "Não, você disse isso!". Às vezes, podemos até ouvir o que está por vir antes mesmo que seja falado! Nós sabemos exatamente como a discussão irá evoluir. É como um ensaio. A negatividade é, portanto, formadora de hábitos, e é rapidamente incorporada. Nós ficamos enredados na nossa própria confusão.

A técnica budista para contrapor essa propensão, além de cultivar a equanimidade, consiste em pensar deliberadamente sobre coisas que em geral não pensamos, ou sobre coisas em que, na maioria das vezes, não desejamos pensar. Ao treinarmos ter pensamentos mais saudáveis, permitimos que as emoções e os sentimentos apropriados se desenvolvam. Por exemplo, um pensamento simples como "meu parceiro é uma pessoa agradável" evoca um sentimento caloroso em relação a ele. Pensamentos dessa natureza têm um efeito cumulativo que nos afasta do hábito de pensar de forma negativa. Além disso, ao expressarmos nosso amor uns pelos outros, nos sentiremos menos obrigados a seguir uma espécie de roteiro definido. Nós não precisamos dizer: "Eu te amo como te amava desde o princípio!". Não há nenhum roteiro. Nós realmente nos tornamos mais espontâneos, tentando coisas diferentes. Essa é a verdadeira marca da positividade. De um modo geral, sempre que pensamos em algo bom ou positivo, não se forma um hábito da mesma forma que ocorre com o pensamento negativo, que é extremamente formador de hábitos. O pensamento negativo é muito estreito, estruturado, asfixiante e restritivo. As emoções e os sentimentos positivos são expansivos e nos levam para além de nós mesmos, enquanto que os sentimentos negativos penetram em nós. Mesmo quando nos expressamos de uma forma violenta, que é uma expressão aparentemente externa, o sentimento está bloqueado dentro de nós; mas quando nos sentimos felizes, não precisamos expressá-lo, já está exposto.

Essa tensão entre cultivo e não cultivo no budismo, em relação à abordagem que adotamos ao lidar com a nossa mente, tende a ser mal interpretada. Trabalhar nossos hábitos de forma ativa e deliberada com pensamentos positivos, para algumas pessoas, parece entrar em conflito com a abordagem do "deixa estar" ou da "realização direta" da natureza da mente, como exemplificado em práticas como o Mahamudra. Na verdade, o carma e o renascimento tendem a ser pensados como pertencendo a um nível muito básico do budismo, e são mencionados quase apologeticamente entre alguns praticantes experientes e comentaristas que olham para o "ensinamento real" do Mahamudra, do Dzogchen e do Tantra. Essa atitude omite o ponto de que o carma, cultivado corretamente, nos ensina a como sair da situação em que nós aterrissamos, *usando* nosso comportamento cármico. Em outras palavras, precisamos usar o carma para nos libertarmos do carma. Não nos libertamos do carma fazendo outras coisas, contornando-o de alguma forma, ignorando-o. Pelo contrário, devemos usá-lo para nos libertar dele. Foi o que o Buda ensinou. Sempre que discutimos assuntos de autodesenvolvimento estamos falando de carma. Mesmo no contexto do Mahamudra ou do Dzogchen, o motivo pelo qual devemos desistir de pensar no carma, ou causa e efeito, não é porque ele seja falso ou irreal, mas sim por ser criado por marcas mentais. Nessas tradições, a abordagem consiste em evitar se fixar na ideia de criar ou não o carma, o que pode, por si só, nos ajudar a renunciar a certos obstáculos cármicos. Ao adotar essa abordagem de meditação, sem nosso conhecimento, ainda estaríamos envolvidos em uma forma de autocultivo cármico. Não ser obsessivo, não ser tão fixado, faz parte do cultivo de uma perspectiva cármica benéfica. Não ser fixado no carma é uma maneira de cultivar o carma de forma adequada.

No nosso estado atual, no entanto, não estamos em condições de acessar a nossa verdadeira natureza, nem nosso estado natural, nem podemos entrar na mente de sabedoria do Buda. O que precisamos é de uma visão profunda sobre nós mesmos. Para obtê-la, precisamos usar várias faculdades mentais. Essas faculdades representam diferentes aspectos da mente, que são o produto de nossa herança cármica. Portanto, tais entendimentos são produzidos, não surgem de forma natural ou espontânea. São produzidos por dedicação, como resultado do cultivo da mente e de suas faculdades. Assim, devemos pensar em carma positivo como sendo necessário para desenvolver uma visão profunda. Sem isso, seremos incapazes de desenvolver as faculdades necessárias, já que a própria mente não pode produzir a visão profunda a partir do nada; devemos cultivar mente e corpo. No budismo, o corpo não é negligenciado, o que é outro fator a ser lembrado em termos de causa e efeito cármico, e a produção de certos padrões cármicos. Existe um aspecto físico do carma por meio do qual o corpo armazena impressões físicas e cármicas no corpo, assim como a mente armazena marcas mentais. Desse modo, o corpo começa a funcionar de maneira particular, previsível. O Tantra reconhece esse fato e é por isso que muitas práticas de purificação física foram desenvolvidas. Por que nos envolvemos em práticas de purificação física, além da purificação mental? Porque, fisicamente, também estamos carregando muita bagagem, e essa bagagem está pesando e nos deixando doentes. Para praticar adequadamente não precisamos estar em perfeita saúde; no entanto, se o nosso corpo está em um estado muito agitado ou está muito rígido e tenso, então está funcionando mal em certo aspecto, e a mente também funcionará mal. Será mais difícil manter os tipos de atitudes e emoções mentais que devemos ter, porque fisicamente nos sentimos péssimos, e será difícil ficarmos expansivos, acolhedores e espaçosos. Será muito difícil que um pensamento positivo surja espontaneamente porque as condições para que isso aconteça não estão adequadas. Se nosso corpo estiver muito tenso, a nossa mente ficará rígida e, portanto, haverá poucas possibilidades da visão profunda ocorrer.

Ao criar carma positivo, ao realizar ações benéficas, nos tornamos mais criativos na forma como estamos empregando os três portais do corpo, fala e mente — tornando-nos mais relaxados e sintonizados fisicamente, mais expressivos verbalmente, mais criativos mentalmente e mais amplos nos sentimentos e na gama de emoções que experimentamos. Nossa capacidade de comunicação nos níveis físico, verbal e mental se transforma com o desenvolvimento da visão profunda e, consequentemente, podemos empregar os chamados "meios hábeis", o que significa que podemos ser cada vez mais habilidosos em olhar as diferentes opções disponíveis, as diferentes possibilidades. Parte do emprego dos meios hábeis é adotar uma espécie de abordagem de reforço positivo sobre o que pensamos, como forma de reorientar nossos hábitos. Essa é a visão budista sobre o desenvolvimento de bons hábitos, por meio da qual superamos os hábitos negativos e, no devido tempo, todos os hábitos. Em última análise, como um ideal, os budistas procuram ir além do bem e do mal, pensar além desses termos. Isso não os torna mais vulneráveis ao mal nem mais livres para perpetrar o mal, como sugeriram algumas pessoas com imaginação criativa. Pelo contrário. Os budistas estão bem além de pensar ou fazer o mal neste momento, muito além do pensamento habitual e das ações dessa natureza, e por isso estão livres do carma.

Portanto, o budismo não precisa explicar a questão do mal da mesma forma que o cristianismo, porque o mal do mundo não é responsabilidade dos budas. Os budas retornam por sua compaixão para trabalhar com os outros, para diminuir o seu sofrimento, mas mesmo eles não têm a capacidade de remover o carma de outra pessoa ou alterar suas formas de operação. Eles podem orientar e podem ser abertos e receptivos, é claro, mas não são capazes de aliviar diretamente o sofrimento do mundo, pois cada pessoa é responsável por sua própria vida. Um buda não pode remover magicamente o carma de outra pessoa, mas pode ajudá-la a fazê-lo. Ao pensar na iluminação e em seus benefícios para a humanidade e para o planeta, devemos imaginar que o nível de percepção e compaixão de um buda é muito raro, um objetivo a ser alcançado. Enquanto isso, precisamos meditar e trabalhar para nos conscientizarmos. Ironicamente, por meio da reflexão sobre nós mesmos, em vez de nos tornarmos autocentrados, nos abrimos mais porque vemos a importância de estar em sintonia com o meio ambiente, com o mundo e com os outros. Atingir a iluminação é estar realmente consciente dos estados internos da mente e das situações externas, para avaliar o que devemos fazer — o que é, em essência, o motivo pelo qual o budismo sempre enfatiza o desenvolvimento da compaixão e da sabedoria.

9. Os aspectos empíricos da teoria do carma e do renascimento

O carma não é algo passível de ser ignorado se desejarmos seguir o caminho budista. Não precisamos necessariamente aceitar a sua realidade, mas devemos pelo menos nos esforçar para manter uma mente aberta sobre o seu conceito, o que não é a atitude dos budistas contemporâneos. Devemos examinar a teoria cármica adequadamente antes de adotar uma posição. Também é muito importante lembrar que o nosso entendimento sobre o carma mudará, inevitavelmente, à medida que a natureza e o nível de nossa compreensão dos ensinamentos budistas se desenvolverem.

A teoria cármica não é uma completa abstração metafísica como a ideia cristã da ressurreição, por exemplo. O carma tem um aspecto teórico-metafísico, mas também tem um aspecto empírico. É vital apreciar esse aspecto, pois ele permite, ou melhor, incentiva o papel da ciência. É bem possível que a ciência dê um forte apoio empírico à ideia de uma vida após a morte. Existem pesquisas valiosas sobre o fenômeno da experiência de quase morte e sobre as lembranças de vidas passadas. Para quem acredita na reencarnação ou no renascimento, quem acredita na existência de um aspecto individual (a consciência) que retorna em um novo corpo, essas pesquisas são potencialmente de grande importância e podem ter ramificações significativas para o desenvolvimento e a aceitação de ambas as ideias.

A observação mais fundamental que surge da pesquisa sobre a experiência de quase morte é que as pessoas invariavelmente descrevem estar separadas de seu próprio corpo. A consciência deixa o corpo e continua a observá-lo, por exemplo, deitado na mesa de cirurgia. Após a cirurgia, a pessoa volta à consciência e, posteriormente, descreve os eventos que aconteceram. Se isso é verdade, obviamente refuta por completo o materialismo ou qualquer variante dessa doutrina — a posição filosófica de que o mundo consiste simplesmente de objetos físicos, e que a mente e o cérebro são uma coisa só. Se a consciência é capaz de deixar o corpo, o cérebro e a mente não podem ser a mesma coisa. Já foi sugerido pelos cientistas materialistas que não há consciência, e mente e cérebro são um só e a mesma coisa, mas não há nenhuma prova válida disso. Se diante das evidências empíricas atuais um cientista afirmar que o cérebro e a mente são a mesma coisa, ele estará assumindo uma posição filosófica, e não fazendo uma observação científica. Se, no entanto, a experiência de quase morte é real, e uma consciência individual é capaz de deixar o corpo e observar coisas de algum lugar fora dele, isso tem grandes implicações para uma série de paradigmas. Há lembranças muito convincentes que precisam ser consideradas seriamente. Por exemplo, as pessoas trazidas de volta à vida, por assim dizer, pela ressuscitação, relataram coisas surpreendentes, como: "quando eu estava lá em cima, olhando para baixo, eu vi uma moeda em um jarro no alto da prateleira". Eles não tinham nenhum motivo para saber desse detalhe e, em inspeção posterior, a equipe que investigou o relato realmente encontrou a moeda.

Esses tipos de eventos podem ser verificados em condições adequadas de pesquisa e sugerem a possibilidade de que mente e corpo não sejam idênticos. Parece ser possível que essa entidade desencarnada — seja qual for o nome que dermos ao observador, nessas situações — realmente exista. Pelo menos, esses eventos sustentam a ideia de que o corpo e a mente podem não ser totalmente idênticos. Em determinadas situações, é admissível que eles possam se separar.

No que diz respeito às visões experienciadas nesses estados, as pessoas geralmente afirmam ter visto Jesus, Maria, Krishna ou o Buda. Obviamente, isso tem muito a ver com o contexto religioso de cada pessoa em particular, e não há boas razões para dar uma realidade objetiva a tais visões, no sentido de reconhecer um encontro real com figuras espirituais. Esta é realmente a posição do *Livro tibetano dos mortos*, que aconselha que todas essas visões no momento da morte sejam entendidas como produtos de nossa própria mente. O texto inteiro é dedicado a ajudar o falecido a entender isso. Retornar de um estado perto da morte, de quase morte, não é o mesmo que voltar depois de morrer, obviamente; no entanto, essas experiências podem fornecer um forte apoio à noção de que mente e corpo (ou mente e cérebro) são separados, que é o ponto principal.

Outra área de pesquisa promissora é a de lembranças espontâneas de vidas passadas, exemplificada no trabalho exaustivo do Dr. Ian Stephenson. Seu trabalho foi realizado principalmente no Sri Lanka, na Índia e no Oriente

Médio, coletando o testemunho de crianças e suas lembranças de vidas passadas. Parece que essas crianças têm lembranças bem específicas até os oito anos de idade, momento em que suas memórias de vidas passadas começam a desaparecer. De acordo com a pesquisa de Stephenson, de alta credibilidade no meio científico, essas memórias podem ser muito vívidas e causar impactos enormes na vida de uma pessoa. O estudo levou a alguns testemunhos notáveis e a encontros entre as crianças e as famílias a que afirmam ter pertencido em sua vida anterior. Se esse tipo de fenômeno se revelar verdadeiro, não só a separação do corpo e da mente é estabelecida, mas também a continuidade da mente após a morte e a sua união com outro corpo. Como seria de se esperar, uma crítica comum é sugerir que esses eventos de recordações de vidas passadas ocorrem mais comumente em culturas onde a reencarnação faz parte do sistema de crenças dominante, como na Índia e no Sri Lanka. Por mais legítimo que isso seja como observação, também se pode argumentar que, devido a uma aceitação mais ampla de tais ideias nessas partes do mundo, as pessoas se sentem mais à vontade para se expressar sobre essas experiências.

De forma geral, a ideia de haver lembranças da vida passada se tornou mais aceitável mesmo no Ocidente, com cada vez mais pessoas alegando ter lembranças de uma vida passada, embora algumas possam ser de natureza duvidosa devido a vários fatores. De qualquer modo, há uma grande quantidade de material sobre o assunto, incluindo eventos em países ocidentais, o que aponta para essa ser uma área de investigação muito fértil. Deve-se notar também que as pessoas que se lembram das experiências de vida passada o fazem com diferentes graus de vivacidade e percepção, variando de algumas lembranças incidentais do ambiente em um extremo da escala, até saberem os motivos que levaram ao renascimento no outro extremo da escala. Qualitativamente, então, tais relatos devem ser bem diversos. No geral, porém, é importante nos interessarmos por esse tipo de pesquisa e evidências, mesmo aquelas pessoas com fé total no mundo material. Não devemos simplesmente acreditar em lembranças de vidas passadas ou experiências de quase morte sem ponderar de forma equilibrada. Precisamos ficar abertos, cautelosamente, às possibilidades contidas em todos esses dados e considerá-los com seriedade. Devem ser aplicadas regras rigorosas para testar a veracidade de uma pessoa que alega tal experiência. Uma simples alegação de lembrança de uma vida passada não deve contar como prova; ela precisa ser verificada. Como essa pessoa obteve suas informações? Ela poderia obtê-las em outro lugar? Todos os possíveis caminhos alternativos da informação precisam ser descartados antes de se considerar uma experiência pós-vida como sendo verdadeiramente válida.

A ciência também pode ajudar a provar que alguns estados mentais ou cerebrais conduzem a certas experiências. Essas, por sua vez, produzem ações que afetam a forma como o cérebro processa a informação, subsequentemente alterando a nossa percepção do mundo e influenciando o modo como a informação é armazenada. Tudo isso, ao mesmo tempo, se expressa por meio da ação. Esse tipo de processo, sem dúvida, se tornará mais observável à medida que os estudos científicos aumentarem em sofisticação, nos proporcionando maior conhecimento sobre nós mesmos. É importante salientar que tudo isso é perfeitamente congruente com a teoria cármica. O carma consegue acomodar todos os tipos de investigação. É, portanto, um assunto empiricamente aberto, com um potencial mais ou menos ilimitado, e ainda existem elementos claros de ceticismo em alguns círculos científicos em relação a ele. Na verdade, as pessoas acreditam ter provado que o renascimento e o carma não existem. A depreciação dogmática da teoria cármica que vem desses grupos é completamente não científica. A ciência incentiva uma postura de mente aberta. Uma boa atitude científica é manter a mente aberta até que algo seja completamente negado por demonstrações que o provam como falso. Isso envolve escolhas para decidir o que será pesquisado e de que maneira conduzir ou projetar uma experiência. O que estamos vendo, principalmente vindo desses céticos, é o cientificismo, quase o oposto de uma verdadeira atitude científica.

O renascimento e o carma certamente ainda não foram negados e, portanto, devemos permanecer com a mente aberta — essa seria a atitude científica. Afirmar que o renascimento e o carma foram negados, com a evidência empírica atualmente disponível, é adotar uma abordagem cientificista, extremamente estreita e naturalista, ou materialista, em perspectiva. Aqueles que atuam nesse campo têm uma agenda preconceituosa. Eles já se posicionaram e tudo o que vão encontrar só irá confirmar suas piores suspeitas. É assim que esses assuntos se revelam invariavelmente, de modo infeliz, pois quando a investigação e a pesquisa são artificialmente reduzidas, se torna mais difícil avaliar corretamente o que pode e o que não pode ser possível. Isso também desfigura as distinções e os parâmetros das coisas. Todas as religiões abordam a sobrevivência após a morte, por exemplo, mas diferentes religiões dizem coisas muito diferentes sobre o tema. A contribuição do budismo é única, mas as explorações às suas afirmações foram reprimidas pela atitude cientificista e o agrupamento das religiões como se todos fizessem as mesmas afirmações, tornando mais fácil descartar abruptamente a ideia de sobrevivência após a morte e da religião como um todo, no que diz respeito a esse assunto — afirma-se simplesmente que não pode haver vida após a morte e nem carma. Este tipo de beligerância passa por algo científico. É um absurdo completo.

Sem dúvida, é verdade que alguns temas abordados pelo budismo não são empíricos. O budismo também é teórico, especulativo e metafísico — algo que começa a alarmar algumas pessoas. No entanto, precisamos reconhecer que um grande número de coisas em que acreditamos é assim. Muitos temas dependem da definição de aparência e realidade. Muito do que vemos e acreditamos é baseado em algum tipo de construção teórica, suposição ou imagem mental. Ninguém viu uma partícula subatômica, mas para entender o que vemos em termos dos objetos físicos que nos rodeiam, pressupomos que essas partículas realmente existam. Elas não foram vistas e, no momento, não há nenhum instrumento que nos permita vê-las. Com essa perspectiva, não é tão incrível pensar em uma vida após a morte, particularmente a do tipo proposta pelo budismo, o que, afinal, é totalmente consistente com as nossas observações. Tudo, mesmo o que vemos, cheiramos, gostamos e tocamos — toda a informação recolhida por meio dos nossos sentidos —, sugere que as coisas surgem, persistem por um tempo e depois decaem e se desintegram. Então, partindo do resíduo ou dos restos do que existia antes, surge uma nova forma de vida. Vemos isso acontecendo ao nosso redor o tempo todo.

No pensamento budista, esse tipo de entendimento está incorporado na crença em uma existência cíclica, que tem implicações de grande alcance — desde a escala cósmica até a existência individual, e do indivíduo de volta ao nível cósmico. Nosso planeta Terra, por exemplo, passou por muitas grandes mudanças, eras glaciais etc. Era de se esperar, uma vez que a mudança é algo a que todas as coisas estão sujeitas, tanto as orgânicas quanto as inorgânicas. Tudo o que existe passa por esse processo de criação, persiste por um tempo e depois se dissolve, dissipa e desaparece, tornando a existir outra vez.

Com base nesse fundamento da existência cíclica, um budista acredita no renascimento, mas não na reencarnação. A mesma pessoa não retorna. A pessoa que retornar em seu lugar é, em certo sentido, um usurpador e um impostor — isso é quase literalmente verdadeiro, de certa forma —, um personagem esperto e sem escrúpulos que ocupa o seu lugar. Quando você morre e renasce, não é *você* que retorna. A mesma pessoa não sobrevive à morte. Em vez disso, o budismo sustenta que uma continuidade da identidade consciente, ou um continuum consciente, pode viajar de uma vida para outra, assumindo subsequentemente diferentes formas, mas a consciência e a forma não estão separadas. Em outras palavras, a substância consciente e a forma que a consciência assume não estão separadas. Logo, o que poderíamos chamar de energia psíquica ou potência psíquica se combina com alguma matéria orgânica, que se aloja, por assim dizer, no momento da concepção — por exemplo, ela se torna uma usurpadora. A pessoa anterior já se foi, exceto pelos fracos vestígios da encarnação passada. Mesmo aqui, o termo "encarnação passada" é estranho neste contexto, mas terá que ser suficiente para explicar como os traços ou certas propensões são transferidos. Podemos observar como esse argumento é intuitivo. Costumamos notar, especialmente em grandes famílias tradicionais, nas quais muitos bebês nascem em rápida sucessão, como sempre há diferenças inexplicáveis entre as crianças. Apesar de todas receberem o mesmo tratamento, frequentarem as mesmas escolas e comerem o mesmo alimento, há sempre a criança exigente, a teimosa e assim por diante. As crianças nascem com certas propensões e tendências. Às vezes, nos ensinam no Ocidente que as condições externas são inteiramente responsáveis pela forma como as pessoas se desenvolvem desde a infância até a idade adulta, mas não é o caso. O ambiente desempenha um papel muito importante em nossas vidas, mas nem tudo pode ser atribuído a esse fator.

O presente cármico mais importante, pode-se dizer, é nascermos sendo capazes de lidar com os desafios do ambiente. Aqueles que se adaptam bem aos desafios externos são os que levam uma boa vida. Pessoas desse tipo sabem que as coisas vão ser difíceis e não esperam que os acontecimentos se desenrolem a seu contento. Entendem que serão necessários trabalho árduo e persistência para o seu desenvolvimento alcançar o nível suficiente a fim de lidar com os desafios futuros. Outros, menos dotados nessa área, enfrentam mais dificuldades porque pensam de forma diferente, esperando que a vida seja algo que se aproxime de suas expectativas, mas não é assim. Para essas pessoas, ver a vida como ela é se torna extraordinariamente difícil. Portanto, ao apreciar os eventos em relação ao renascimento, precisamos aceitar uma propensão herdada em relação a certas coisas, não uma predeterminação do nosso futuro, mas uma propensão que exige responsabilidade de nós, uma necessidade de lidar com as coisas. Se o carma fosse fatalista, os mecanismos que já estavam em vigor simplesmente funcionariam por si e não teríamos nada a fazer senão observá-los. A teoria cármica não promove essa ideia. Podemos influenciar o nosso carma por meio da vontade e do esforço. Por exemplo, podemos ter características genéticas herdadas de nossos pais e, por isso, termos maior probabilidade de enfrentar doenças cardíacas. Mas, se tentarmos detectar os problemas com antecedência ou adotarmos uma vida saudável, podemos prevenir um infarto. O carma trabalha de forma semelhante, por isso nos dedicamos às práticas de meditação e de purificação e assim por diante, em um esforço para influenciar o curso desta vida e de nossas vidas futuras.

No budismo, não fazemos previsões sobre o que nos tornaremos. A teoria cármica não se destina a encorajar conjecturas ou obsessões sobre a nossa encarnação anterior. É interessante notar, porém, que quando pensamos sobre a origem de nossas inclinações atuais, em geral direcionamos o nosso pensamento para o conceito de renascimento, e não de reencarnação. Se é possível nascer em reinos diferentes — se uma pessoa preguiçosa pode renascer como um porco, por exemplo —, como é possível haver a mesma identidade de consciência em momentos e em criaturas tão diferentes, primeiro como um ser humano e depois como um porco? Os diferentes níveis de sofisticação da consciência, nos dois casos, são difíceis de serem conciliados, o que é uma das razões pelas quais as pessoas resistem a considerar seriamente a ideia do renascimento. A implicação que precisa ser reconhecida é a de que a consciência é como uma luz que muda e se transforma.

Às vezes, a consciência se torna mais brilhante e, em outras ocasiões, fica mais fraca; em alguns momentos, é expansiva; noutras vezes, é muito restrita e opaca. Isso acontece devido ao veículo em que a consciência encontra sua moradia, o tipo de hospedeiro ou organismo físico que ela habita. Isso determina o modo como a consciência irá se manifestar no ser vivo. Ela dá vida ao corpo que estiver ali. A consciência é vista como um fluxo, não como um objeto. Pode ser comparada à eletricidade e, assim, o brilho de sua luz depende do fio condutor no qual ela viaja. Do mesmo modo, o nível em que a consciência brilha é dependente do organismo em que ela se aloja. Quando algo ganha vida, isso significa que alguma forma de consciência, por mais rudimentar que seja, fixou residência.

Naturalmente, então, existem diferentes níveis de consciência. O renascimento deve ser entendido nesse contexto. Depois de morrer, nossa consciência busca por algo e decide se fixar em alguma coisa, onde se conectar. Essa é a chave para compreender o significado real do renascimento, em oposição à reencarnação. Não reencarnamos, mas renascemos, e o fazemos de uma grande variedade de maneiras — principalmente devido aos nossos impulsos psíquicos, nossa raiva excessiva, avidez, ignorância, desejo, inveja e orgulho. Esses hábitos psicológicos são determinantes. Junto aos sentimentos devastadores e convincentes que os acompanham, correspondem aos "seis reinos" tradicionais do budismo: o reino dos infernos, o reino dos fantasmas famintos, o reino dos animais, o reino dos humanos, o reino dos semideuses e o reino dos deuses. Essa ideia da consciência incorporando e sendo influenciada por esse corpo está diretamente relacionada aos seis reinos do budismo, assim como a noção de transmigração, o vagar de uma forma de existência para outra, às vezes para condições desfavoráveis, degradantes e, outras vezes, para circunstâncias abençoadas.

Os seis reinos, uma concepção do início do budismo, dependem de nossa natureza como seres sencientes, da maneira como somos construídos pelo efeito do carma. Vivemos em nosso mundo porque o mundo que percebemos e habitamos é construído principalmente por uma visão cármica compartilhada. Todos os seres humanos veem as coisas de forma semelhante. Nós temos a nossa história cármica individual, é claro, e por isso vemos as coisas de forma única. Mas, além disso, todos partilhamos uma visão de mundo comum — o nosso não é o mesmo mundo compartilhado pelos gatos, por exemplo. E, como seres humanos, somos regidos predominantemente pelo veneno do desejo. Os seis reinos podem ser entendidos com diferentes níveis de literalidade, mas se os usarmos adequadamente em relação ao trabalho com o nosso carma e olharmos a nossa própria natureza humana, veremos que outros venenos, além do desejo, estão presentes; na verdade, os seis reinos estão refletidos dentro de nós. Às vezes, somos tão ignorantes quanto um animal estúpido; às vezes, somos impulsionados por um tremendo sentimento de inveja e cobiça, como um semideus; e, outras vezes, ficamos tão raivosos e rancorosos, que não temos nenhuma paz, e a nossa mente fica completamente arruinada e agitada. Podemos também pensar que estamos absolutamente acima de tudo e de todos, que somos os melhores e nos tornamos orgulhosos, arrogantes e egocêntricos.

O renascimento ocorre precisamente devido a essas tendências em nós. Portanto, de acordo com o veneno predominante, podemos ver as possibilidades para o futuro.

Como o Buda declarou, pessoas muito gananciosas vivem a vida de um fantasma faminto; não importa quanto tenham, nunca é suficiente. Pensar dessa maneira é o que causa a sensação de serem empobrecidos. Eles têm a mentalidade de fantasmas famintos. Dessa forma, as experiências dos seis reinos são reflexos do nosso próprio estado de ser, e, como indivíduos, pertencemos predominantemente a uma dessas famílias ou reinos. Devemos trabalhar isso, reconhecer essa situação, e abordá-la de forma construtiva. Nós descobrimos que não somos simplesmente da maneira que somos devido às nossas experiências desta vida, mas trouxemos muitas coisas de vidas anteriores.

Podemos arruinar nossas vidas se não reconhecermos essas influências latentes. Há muitos casos de irmãos de criação idêntica que percorreram caminhos radicalmente diferentes. Um exemplo é a história de duas irmãs. Uma delas era de trato fácil e muito inteligente, boa aluna na escola e na universidade, e se tornou médica. As coisas andaram bem para ela. A outra irmã se casou, mas tinha muito ciúme das conquistas da irmã. Então, decidiu voltar a estudar e obteve seu diploma em medicina para provar que era tão capaz quanto sua irmã — para mostrar que também podia conseguir. Claro, mesmo depois de obter o diploma, ela ainda se sentia inadequada em comparação à irmã, porque não estava realmente interessada em medicina. Em outras palavras, tudo foi uma total perda de tempo. Esse é um exemplo de como lidamos com o nosso carma. Trazemos as coisas para este mundo desde o nosso passado. Nossas experiências passadas nos trouxeram para onde estamos, mas nosso futuro não está determinado. Não estamos presos às nossas vidas passadas. Podemos influenciar as vidas futuras. Podemos realmente tomar medidas preventivas e reduzir os efeitos do carma com antecedência. Isto é assim porque o agente que está passando por todas essas experiências não é uma entidade psíquica fixa.

O texto hindu *Bhagavad Gita* afirma que tudo sobre nossas vidas atuais é como a roupa que vestimos: algo que deixamos para trás quando partimos para a próxima vida e, ainda assim, a nossa alma permanece a mesma de uma vida para outra. O budismo, em contraste, enfatiza que nós estamos sujeitos a mudanças junto com tudo o mais. Nós somos as disposições preexistentes, passando de uma vida a outra, e essas disposições estão sujeitas a mudanças. Assim, o budismo apresenta a possibilidade de liberação; liberação do renascimento e do carma. Podemos nos liberar, precisamente, porque todas as disposições estão sujeitas a modificações. Não fosse assim, estaríamos condenados a experimentar o ciclo eterno do samsara. Para sair dessa situação, precisamos reconhecer a existência cíclica e pensar nas coisas sob a perspectiva do carma. Precisamos pensar em como nosso rumo pode ser transformado por meio de um ponto culminante, algum tipo de exaustão ou esgotamento, a partir do qual não precisaremos repetir a mesma coisa muitas vezes.

O renascimento é apresentado tanto como uma forma qualificada de garantia quanto de liberação espiritual. Para aqueles que sentem que a vida atual é muito dolorosa e insatisfatória, o renascimento significa que isso não acaba na morte — novas possibilidades serão reveladas em vidas futuras. Em outro nível, o renascimento nos garante que, de fato, existe uma forma de escapar desse processo todo, e que não estamos sujeitos a um ciclo interminável de nascimento e morte. No entanto, precisamos ter cuidado com as afirmações que dizem que escapamos do ciclo da existência, pois isso não significa que não vamos renascer de novo. Apenas significa que não precisamos renascer impulsionados pelas propensões cármicas, ou seja, a propulsão natural que leva um indivíduo a renascer. Os seres altamente realizados, em contraste, "retornam" pelas forças muito poderosas da compaixão e da sabedoria, e não porque foram impulsionados por propensões cármicas.

10. Trabalhando o carma

Como vimos, o carma é um tópico complexo e não desejamos aumentar a confusão sobre o tema. Precisamos apreciar o seu funcionamento em um nível relativamente simples e pragmático. Em termos de priorização das nossas ações, no caso de decidirmos trabalhar com o nosso carma, devemos primeiro nos concentrar em reduzir o carma negativo. Evitar certas ações, as ações que identificamos como prejudiciais. Não focamos a nossa atenção ainda em tentar fazer coisas positivas; nos esquecemos de tentar "salvar vidas"; apenas tentamos não fazer o pior. Evitar ações negativas é o suficiente no início, antes de avançarmos para iniciativas mais positivas. Precisamos superar a necessidade de ter que evitar ativamente as ações negativas. De forma simples, é mais útil nos concentrarmos no que podemos alcançar do que lutarmos com um problema que nos sobrecarrega sem oferecer resultados —, e abordar esse problema de forma incorreta é algo que em si mesmo acabará por torná-lo ainda mais penoso. Abordar as situações com uma atitude muito punitiva pode ser um exemplo de uma abordagem inábil, em que nos castigamos continuamente, pensando: "Eu deveria fazer isso e não consigo. Por que não consigo fazer isso?". Esse tipo de pensamento nos deixa cada vez mais frustrados. Em vez disso, adiamos os projetos mais ambiciosos e focamos no que pode ser feito. Ao realizar as coisas dessa maneira, vemos com muito mais clareza as várias coisas que podemos fazer para continuar a melhorar a nossa situação. Abrir mão daquilo que não podemos obter gera um carma muito positivo. Há uma resposta cumulativa imediata, já que não estamos mais simplesmente pensando em evitar atos que resultam em carma negativo, mas, sim, gerando bom carma, que tem o poder de diminuir o carma negativo quase que automaticamente.

Quando começamos a pensar sobre as coisas de forma positiva, os hábitos que atraímos não são hábitos que se estabelecem, no sentido estrito da palavra. Os hábitos negativos, entretanto, se tornam hábitos em um sentido muito preciso — restringem o escopo de nossa perspectiva e são extremamente previsíveis. Os bons hábitos, em contraste, não nos levam a fazer o mesmo repetidamente. Quando ajudamos os outros, por exemplo, de repente nos tornamos criativos sobre as maneiras de lidar com as coisas, desde um encorajamento verbal espontâneo a alguém em desespero, até dar assistência financeira. Já os estados negativos da mente produzem resultados opostos muito previsíveis. As mesmas palavras são usadas, as mesmas expressões e os mesmos gestos. Todos já sabem o que será dito. Quando estamos em um estado de espírito positivo e com postura positiva, queremos interagir, e então nos conectamos e atuamos onde for necessário. Dessa forma, nos tornamos cada vez mais livres.

Por isso, no budismo se diz que, ao criar carma positivo, podemos parar totalmente de gerar carma. Essa noção é muito mal compreendida atualmente. As pessoas não conseguem compreender as diferentes qualidades do carma negativo e do carma positivo, pensando que, se nos habituarmos ao carma positivo em vez do negativo, isso ainda equivale a um padrão de hábito. Nós ainda ficaríamos "aprisionados" em gerar carma positivo, e como podemos nos liberar disso? A razão fundamental pela qual isso pode ser feito é porque o carma positivo, quando criado de maneira certa, não forma hábitos. Não forma hábitos porque é espontâneo, surgido de um estado mental não autocentrado. As atividades que geram hábitos provêm da obsessão do ego. Então, quando abandonamos o ego um pouco e ultrapassamos o pensamento "eu, eu, eu", nos tornamos mais abertos e envolvidos com o mundo exterior. Uma suntuosidade flui nesse tipo de ambiente em vários níveis. Tudo isso está relacionado com o núcleo básico do budismo, que é o problema do ego. Isso sugere que estamos vestindo a armadura do egoísmo, que nos impede de nos conectarmos com os outros e também com nós mesmos. Em escala mundial, o carma negativo é gerado em abundância, e há uma tremenda dificuldade associada à geração de carma positivo — por exemplo, em se engajar, em ser prestativo e útil, em demonstrar nosso potencial.

A ética e a moralidade budistas se baseiam na nossa natureza humana. Nossa natureza contém uma potencialidade tremenda, mas raramente explorada. Devido aos nossos hábitos, fazemos quase todo o possível, exceto aproveitar ao máximo a nossa potencialidade. Na verdade, fazemos o contrário, bloqueando o nosso potencial. Quanto mais percorremos esse caminho, mais reprimimos o impulso primitivo do despertar. O budismo Mahayana apresenta esse aspecto no conceito de "natureza de Buda". No *Mahayanottaratantra*, onde a noção é introduzida, se afirma: "Temos uma urgência para o despertar". Nesse texto, Asanga e Maitreya (Maitreya é considerado o autor, mas foi definitivamente Asanga quem escreveu o texto) deixam claro que mesmo nossa frustração ou sofrimento é um sinal de alerta para a nossa complacência. Portanto, se sentimos dor mental ou espiritual, devemos prestar atenção a esse aviso, da mesma forma que cuidamos de nosso corpo quando não estamos bem. Quando temos dor física, aqui e ali, não a ignoramos simplesmente, pensando: "Ah, eu posso aguentar a dor". Ao prestar atenção a essas coisas, veremos que elas estão nos comunicando que não deveríamos ficar assim confortáveis com a nossa situação, e que somos capazes de muito mais. Podemos tirar maior proveito da vida do que temos agora. Essa é a mensagem do *Mahayanottaratantra*.

Ao descrever essa tremenda potencialidade disponível para nós, a metáfora da riqueza é comumente empregada nos ensinamentos Mahayana. A riqueza é descrita de diversas maneiras, incluindo a material, que não é desencorajada nos textos Mahayana se lermos com atenção. Mais importante ainda, a riqueza está relacionada com a riqueza interior, que vem do cultivo de pensamentos positivos, emoções positivas, sentimentos positivos e atividades saudáveis, aquelas que nos trazem satisfação genuína. Uma vida conduzida com satisfação real é muito mais prazerosa e divertida. Uma vida vivida sem satisfação e prazer não produz enriquecimento.

Por isso, a iconografia budista — os budas e bodisatvas nas tangkas, por exemplo, estão carregados de joias, ornamentos, pulseiras, tornozeleiras e colares. Os bodisatvas masculinos e femininos usam joias de diversas formas. Devemos observar essas imagens com um senso de enriquecimento. Curiosamente, quanto mais enriquecidos nos sentimos, menos ficamos apegados às coisas. Quanto mais pobres nos sentimos, mais rodeados estamos por apego e carência. Quanto mais somos ricos internamente, menos ficamos carentes e presos aos nossos pontos de vista, porque já nos sentimos ricos. Essa abordagem será levada para a nossa próxima vida e continuará a enriquecer as vidas subsequentes. Na verdade, se nos enriquecemos em nosso interior, invariavelmente atraímos riqueza em vários níveis. Mesmo no nível mundano, atraímos amigos e sucesso, alguns bens materiais e assim por diante. Os ensinamentos budistas Mahayana realmente vão mais longe e afirmam que, se pudermos ser adequadamente pacientes nesta vida, na próxima nasceremos como pessoas muito atraentes; se praticarmos a generosidade, nasceremos muito ricos em uma vida posterior. Tomar ou não essas informações de forma literal não é tão importante. Continuam valendo as lógicas do carma e da prática budista.

A visão de Buda sobre o carma era infinitamente complexa, e ele se esforçou para evitar qualquer tipo de interpretação mecanicista. Sempre que temos um novo pensamento ou sentimento, ele se conecta em diversos sistemas seguindo um padrão preexistente, como as ondas de um lago se espalham e se ampliam quando cai uma pedra. Vários tipos de redes operam interconectadas simultaneamente em nosso sistema psicofísico, a todo o momento. Esta é a visão budista. Em nosso estado normal fragmentado, essas redes operam com múltiplos objetivos que se cruzam. Então, quando aprendemos a criar carma positivo e saudável, começamos a aprender a operar todas essas múltiplas redes de maneira harmoniosa. No entanto, de acordo com os ensinamentos budistas, fazer isso é difícil para a maioria das pessoas, pois, geralmente, temos pouca força de vontade, e é por essa fraqueza em nosso caráter que o carma é criado — especialmente o carma negativo. Agimos, principalmente, a partir da ignorância e, portanto, a maior parte do que fazemos é feito sem conhecer as consequências completas de nossos atos. Esse é um sinal de fracasso moral e não de incorreção moral.

Se tivéssemos conhecimento pleno do que estamos fazendo e, ainda assim, seguíssemos em frente, seria muito diferente de agir sem entender completamente as consequências de nossos atos. Normalmente, estamos tateando no escuro. O cultivo adequado do carma retira algumas das teias de aranha, e nos reconecta com a rede altamente complexa de impressões e efeitos cármicos. Ao fazer isso, descobrimos uma perspectiva mais unificada em nossa vida. Até que isso ocorra, seremos levados para lá e pra cá pelo que é chamado de *le lung,* em tibetano, "o sopro do carma". É como se alguém ou algo estivesse nos empurrando. Não há nada de errado com pensamentos, emoções e sensações, mas alguns tipos particulares têm a capacidade de perturbar nosso equilíbrio e confundir nossa mente, nos tornando incapazes de avaliar plenamente o que está acontecendo. O Buda afirmou que, quando pensamos claramente, não há perturbações na mente. O cultivo cármico é, assim, sinônimo de fortalecimento de caráter e desenvolvimento pessoal. No nível superficial, parece irônico que o budismo, que ensina que somos um agente sem um "eu", recomende que precisamos aprender a ser fortes, resolutos e quase obstinados, mas essa é uma questão de como encontrar o equilíbrio, uma oposição ao nosso hábito de fixação. É a falta de vontade (motivação), de acordo com o Buda, que nos deixa vulneráveis a todas as coisas, tanto conflitos internos como influências negativas externas.

A fixação no "eu" produz todo tipo de comportamentos e resultados indesejáveis. Isso leva ao caminho da autodestruição, porque costumamos ter pensamentos que são claramente inúteis, acolher sentimentos que não devemos, e realizar atividades que são claramente equivocadas. A fixação nos destrói e, de fato, não nos fortalece em nada. Na literatura budista, há a imagem do viajante cansado do samsara. Quando chegamos a este mundo, não temos domicílio fixo — o samsara não é um lugar onde podemos simplesmente nos acomodar e pendurar nosso chapéu, chamando-o de lar e relaxando. Em vez disso, assim que chegamos a este mundo, somos compelidos a ficar em movimento. Não há como parar, e é por isso que o termo "seres sencientes migrantes" é usado. Todos os seres sencientes estão transmigrando dessa maneira, viajando constantemente, ficando desgastados pelas experiências de vida que se somam e pelo acúmulo do peso que carregam — mas devemos continuar, embora a dificuldade siga aumentando. No fim das contas, como o Buda disse, ficamos completamente exaustos e enfraquecidos pelas lutas e pelos conflitos. Nesse contexto de exaustão, é o cultivo da ética que nos permite rejuvenescer, reabastecer nossos recursos esgotados. Em nosso estado negativo de existência, estamos sempre gastando — gastando e consumindo, assumindo dívidas —, enquanto que, quando estamos dedicados ao cultivo do carma, estamos acumulando e acumulando.

O budismo Mahayana define que existem duas acumulações: a de mérito e a de sabedoria. Quando acumulamos, não estamos gastando. Quando nós não nos cultivamos, gastamos demais, entramos em déficit, e há uma penalidade envolvida nisso, infelizmente.

Quando enriquecemos internamente, o nosso senso de potencial floresce. Em outras palavras, temos que nos tornar o que desejamos nos tornar. Temos a oportunidade e a capacidade de nos tornarmos o que desejamos nos tornar. Isto é o significado de acumular sabedoria e mérito. Se temos um pensamento positivo, isso é meritório. Se tivermos uma emoção positiva, isso é meritório. Se usarmos nossos membros com um propósito positivo, isso também é meritório. Abrimos as portas para a conscientização e lavamos a louça com uma sensação de cuidado e respeito — não fazendo barulho nem amaldiçoando nosso parceiro por deixá-las sujas. Se tivermos pensamento positivo sobre nós, como: "Eu não sou uma pessoa má, afinal", e alguém nos fizer um pequeno favor, nós ficamos agradecidos por menor que seja o gesto. Tudo isso é meritório.

Ao estarmos atentos a todas as coisas às quais podemos prestar atenção diretamente, descobrimos o que precisamos fazer para nos tornarmos o tipo de pessoa que queremos. Se conseguirmos pensar naquilo que é preciso, sentir o que devemos sentir, e se tivermos o repertório emocional de que precisamos para nos desenvolvermos e ficarmos bem, para termos uma vida boa e significativa no verdadeiro sentido, então, do que mais precisaremos? Se nos sentimos satisfeitos e completos, não precisamos de mais nada. Esse é o objetivo da vida. Podemos até atingir o nirvana, a iluminação, a liberação por esses meios. Ao contrário do que muitos acreditam, o Buda não estava interessado em dissipar todas as ilusões, ou nos privar daquilo a que estamos familiarizados, para que entrássemos em contato com alguma realidade misteriosa indescritível. Em vez disso, ele nos aconselhou a abandonar certos aspectos que nos puxam para baixo. Devemos aliviar o peso que carregamos. Por outro lado, devemos obter coisas que valem a pena acumular. A analogia pode ser tirar as porcarias da nossa casa e substituí-las por bons móveis, o que nos permite desfrutar dos ambientes em paz, com uma sensação de harmonia. Em vez de um monte de porcarias juntadas por um acumulador, uma casa lotada de lixo que nos recusamos a jogar fora, agarrados a mais ridícula das coisas, como uma lata vazia, como se fosse um tesouro que sinceramente apreciamos, nós aprendemos a estabelecer prioridades. Em nosso modo normal de criar carma negativo, na verdade estamos acumulando lixo, tanto literal quanto figurativamente; estamos procurando refúgio no meio de uma pilha de lixo. O cultivo ético é semelhante a realizar um grande trabalho de limpeza, livrar-se de tudo e, então, adquirir seletivamente algumas coisas que valem a pena ser mantidas.

Da mesma forma, tentamos liberar pensamentos desnecessários, em excesso. Tentamos nos acalmar um pouco e reduzir a extensão com que nos entregamos às coisas. Nós encorajamos sentimentos que são reconfortantes e saudáveis, e tentamos não ter muitos sentimentos negativos. Claro, como seres scientes, vivendo na ignorância, não podemos esperar não ter nenhum tipo de pensamento ou sentimento negativo, mas tentamos minimizá-los e abandoná-los o mais rápido possível. Nós não ficamos presos a eles nem falamos demais a respeito, o que somente os reforça, rega a sua semente. "Ah, não consigo lidar com isso, é demais! Minha vida é uma desgraça". Dessa forma, apenas nos certificamos da desgraça em que vivemos. Desgastarmo-nos assim apenas reforça os nossos padrões cármicos negativos, produzindo efeitos, como as ondas no lago criadas por uma pedra, que atingem todos os quadrantes de nossas vidas — pessoal, profissional, interpessoal e assim por diante.

Portanto, o carma não deve ser entendido como um fardo que carregamos ou como um tipo de moralismo em que as coisas são claras, com boas pessoas aqui e más pessoas ali, e onde boas e más ações são absolutamente distintas e separadas. Essa, definitivamente, não é a maneira de entender o carma, pois o que é benéfico é cultivado em relação ao que é prejudicial e vice-versa. O carma positivo e o carma negativo estão diretamente relacionados, e o carma positivo não pode ser cultivado de forma independente do carma negativo. Não se pode ter pensamentos positivos sem também ter pensamentos negativos. Foi dito muitas vezes nos ensinamentos budistas que a luz do sol não pode dissipar a escuridão se não houver escuridão. O que temos que nos tornar não é diferente do que estamos nos tornando. Não podemos dizer: "Eu não quero ser esse ou aquele tipo de pessoa", se já estamos agindo como esse tipo de pessoa. Por outro lado, não podemos dizer: "Eu quero ser esse ou aquele tipo de pessoa", se não estamos fazendo nada para nos tornarmos assim. Temos que começar agora, e então iniciamos o processo de nos tornarmos aquela pessoa. Ninguém, de repente, começa a tocar violão. Temos que pegar o violão, fazer algumas aulas, e começar a aprender a tocá-lo.

11. Conclusão

Parece haver uma aspiração, no budismo contemporâneo, por usar uma abordagem integrada, tornando a busca espiritual uma parte holística de nossas vidas. Falamos sobre como integrar a meditação na vida cotidiana. Uma compreensão adequada do carma ajuda a dissipar essa dificuldade com o problema percebido por meio da meditação. Em resumo, a meditação não tem todas as respostas. O que normalmente chamamos de meditação é uma técnica, mas é também parte vital do cultivo ético. Ao praticar a meditação, estamos fazendo o que realmente precisamos. A prática meditativa não deve ser vista como algo separado da vida cotidiana, porque o que estamos fazendo, o modo como lidamos com a nossa vida, afetará a nossa meditação. Da mesma forma, os ganhos da meditação irão impactar, penetrar ou fluir para situações e circunstâncias da nossa vida cotidiana. Na verdade, não há nenhuma necessidade de pensar: "Como posso incorporar a minha prática budista na vida cotidiana?". A verdadeira meditação, como é repetidamente afirmado nos ensinamentos budistas, é realmente a mente de um ser iluminado. Todas as várias formas de meditação até hoje são apenas técnicas para a obtenção disso. Não há necessidade de meditação formal neste estágio tão elevado. Para um ser iluminado, não há distinção entre meditação e não meditação. Esses seres não precisam meditar. Antes de alcançarmos esse ponto, porém, devemos meditar como parte da prática de nos enriquecermos. A meditação nos ajudará a ver tudo no momento devido.

A liberação não é garantida somente por levarmos uma vida boa e significativa ou pela prática da meditação, mas sim por fazermos os dois. Precisamos adquirir sabedoria, e a sabedoria, ao contrário da inteligência, não surge puramente da atividade mental. A sabedoria surge da combinação de atividades físicas e mentais. Na visão budista, é algo claramente diferente da inteligência. Uma pessoa extremamente inteligente pode não saber como viver bem. Um sábio, por outro lado, sabe muito bem como levar uma boa vida. Uma pessoa sábia conhece muito sobre todos os tipos de coisas, possuindo uma sabedoria pragmática: como se comportar nas situações, como interagir com os outros, qual é a melhor linha de ação a tomar, qual é a ação mais benéfica para si e para os outros etc. Essas faculdades emergem, no fim das contas, do cultivo de nós mesmos.

O budismo não nos ensina necessariamente a nos livrarmos das necessidades e dos desejos, mas nos ensina a cultivar, progressivamente, uma liberdade das fixações. À medida que as fixações diminuem, nos liberamos, enfim, do carma como um todo. Sentir-se enriquecido internamente produz de forma automática um enfraquecimento do apego, do qual o carma depende. No entanto, mesmo seres iluminados, os budas, ainda precisam comer e beber, de um lugar para dormir e todo o tipo de coisas; a diferença crítica aqui é que os budas não têm uma noção preestabelecida daquilo que eles desejam, em cada circunstância, para fazer as coisas funcionarem. Um buda já aprendeu a fazer as coisas funcionarem sob diversas circunstâncias. É essa perfeita capacidade de se adaptar que é conhecida como a compaixão de um buda e seus meios hábeis. Os budas são hábeis. Os budas podem conversar com todos os tipos de pessoas; conectar-se em qualquer tipo de ambiente.

Embora os budas possam estar agindo e reagindo, operando como seres humanos normais, os pensamentos em sua mente são como nuvens — nuvens vão e vêm, mas não deixam vestígios. Ao contrário deles, como seres humanos normais, nossos pensamentos são como as pegadas que deixamos na praia, banhadas pela água, mas ainda assim capazes de deixar seu contorno na areia. As nuvens, entretanto, não deixam nenhum traço de seu movimento. Da mesma forma, os pensamentos de um buda, seus sentimentos e emoções, são como nuvens, indo e vindo, realizando seu papel sem deixar vestígios. Isso é o que nós buscamos como budistas e, por isso, o carma e o renascimento são tão importantes. Devemos contemplar os dois, mesmo que não consigamos acreditar totalmente na sua realidade. Devemos ao menos manter uma atitude de mente aberta. Também vale a pena considerar que, mesmo se nos comportarmos como se o carma fosse real, ainda levaremos uma vida melhor do que se nos comportássemos como se isso não fosse verdade. Ainda seremos pessoas melhores. Mais gentis, mais trabalhadoras, mais realizadas e positivas. Como afirmou o filósofo francês Pascal, em relação a Deus: talvez seja melhor acreditar que Ele existe — se for verdade, está bem; se for falso, nada está perdido. Enquanto isso, nossa vida foi bem vivida. Talvez, nesses tempos, o carma deva ser visto de forma semelhante. Pode ser o meio para uma vida mais significativa e gratificante, que nos afasta da influência do niilismo e do ceticismo, do materialismo vazio e das seduções do consumismo.

Existe uma crise de valores morais e éticos na sociedade contemporânea. Mal podemos afirmar isso sem sentir que estamos prestes a propor algum tipo de posição religiosa fundamentalista, o que não é necessário nem é o caso. A discussão deve ser sobre o estabelecimento de algum senso de decência humana. Por que devemos ser decentes? Por que devemos tratar outro ser humano melhor do que tratamos hoje? Tais coisas raramente são mencionadas. Parecemos estar presos entre as propostas baseadas em crenças fundamentalistas religiosas e a posição humanista secular de produzir cada vez mais legislação para proteger os direitos dos oprimidos e encontrar justiça para os mais desfavorecidos nos tribunais. Há, é claro, um espaço para isso, mas isso não cria um fundamento moral; não fornece nenhuma bússola moral, que é a chave da questão. Estar aberto à possibilidade do carma e do renascimento ajuda imensamente a superar o tipo de impasse em que estamos. Não depende de se acreditar em uma teologia e, ainda assim, incentiva um tipo de pensamento com disciplina que promove o respeito aos outros e a nós mesmos. A teoria cármica nos encoraja a aproveitar as situações que se apresentam, aceitá-las com gratidão e felicidade, e tentar fazer algo positivo com elas, transformando-as em algo benéfico. No budismo, especialmente em relação ao pensamento do ponto de vista cármico, não acreditamos em esperar que outras pessoas façam coisas para nós, se pudermos fazê-las por nós mesmos.

O budismo nos pede para superar tudo, deixar de lado nossas obsessões cármicas. Então, poderemos nos sentir enriquecidos internamente. Enquanto preocupações egoístas e autocentradas permanecerem no centro de tudo o que fazemos, sentiremos um vazio, o mesmo vazio que continuamente tentamos preencher com relacionamentos, status ou qualquer outra coisa, nos apegando a isso ou aquilo. No entanto, se pudermos primeiro localizar a riqueza em nós mesmos, poderemos buscar essas outras aspirações com desapego total e sem que elas se tornem uma obsessão. Podemos ter um relacionamento, mas a relação será livre e positiva. Podemos ganhar dinheiro, e isso será positivo. Podemos fazer quase qualquer coisa na vida, e será bom.

Em resumo, podemos ver que qualquer pessoa com um interesse genuíno no budismo não deve realmente pensar em evitar o conceito de carma. O carma é parte integrante do que faz do budismo o que ele é. É um elemento completamente central. Por exemplo, mesmo quando meditamos, quando estamos tentando lidar com nossos pensamentos, emoções e sensações, estamos trabalhando com o nosso carma. Isso é o carma. E quando tentamos prestar atenção ao que estamos vendo, cheirando, provando e tocando, como fazemos na meditação, estamos lidando com o carma. Não há como escapar disso, de fato. Podemos não querer usar a palavra "carma", mas isso não muda nada. Apenas colocar outro rótulo em algo, não muda as coisas.

Carma é um conceito muito complexo de ser entendido, mas ao mesmo tempo os seus fundamentos são muito claros. Não precisa ser um discurso completamente metafísico. Ele tem um aspecto extremamente pragmático. O próprio Buda realmente refinou todo o conceito de carma e renascimento por meio de sua própria experiência, trabalhando em si mesmo e com reflexão profunda. Repetir o que ele fez é algo possível de realizar, de acordo com a nossa própria motivação. Não é um ideal, "aquilo lá no alto", como em uma abstração esotérica descolada de uma base empírica. Podemos desenvolver uma compreensão do carma em vários níveis, mas é importante que seja inteligível e, talvez, demonstrável em um nível empírico. Isso também se refere às muitas coisas que não podemos ver atualmente: o desconhecido. O carma, em si, é uma das muitas coisas que não podemos ver ou verificar diretamente.

Parecemos tão inclinados a querer ser modernos, científicos, progressistas e seculares nestes tempos. Temos até um novo tipo de budismo secular, e tudo bem com isso; é uma escolha pessoal. No entanto, seria benéfico pensar genuinamente nas consequências de se negar a existência do carma, o que não significa que também precisamos nos tornar fanáticos. Em vez disso, simplesmente precisamos contemplar se a crença no carma deixa a nossa vida mais relevante, mais significativa, e nos fornece algumas orientações. Isso pode ser examinado em vários níveis, desde o ponto de vista empírico até os níveis mais abstratos. Por exemplo, podemos nos perguntar se a visão sobre o carma torna mais fácil lidar com os nossos amigos e com as pessoas em geral, se nos ajuda a lidar com o mundo de forma mais produtiva e a ver a nós mesmos de uma forma mais clara.

Seja qual for a forma de budismo que praticamos, obteremos benefícios se a prática for feita com persistência. Na verdade, Shantideva disse uma vez que, de tempos em tempos, é bom olhar para trás, para a nossa vida como um todo, e ver onde nós estávamos. Olhando para trás, a maioria das pessoas diz que não quer "voltar para lá".

Esse tipo de reflexão pode equilibrar a nossa tendência patológica de olhar para a frente e pensar por que ainda não chegamos lá. Se realmente prestarmos atenção, os efeitos benéficos da prática budista são muito, muito sutis. E, se reconhecermos isso, seremos mais receptivos a esses efeitos e, portanto, mais abertos para a transformação.

Bibliografia

Anderson, Ray S. *Theology, Death, and Dying*. Nova York: Blackwell, 1986.

Doniger O'Flaherty, Wendy (ed.). *Karma and Rebirth in Classical Indian Traditions*. Berkeley: University of California Press, 1980.

Hume, David. "Essay II. On the Immortality of the Soul." In *Essays on suicide, and the immortality of the soul, ascribed to the late David Hume, Esq. Never before published. With remarks, intended as an antidote to the poison contained in these performances, by the editor. To which is added, two letters on suicide, from Rosseau's [sic] Eloisa*. Londres: M. Smith, 1783.

McDermott, James Paul. *Development in the Early Buddhist Concept of Kamma*. Delhi: Munshiram Manoharlal, 1984.

Saint Anselm. *St. Anselm: Basic Writings*. Peru: Open Court, 1962.

Story, Francis. *Rebirth as Doctrine and Experience: Essays and Case Studies*. Kandy: Buddhist Publication Society, 1975.

Notas

Capítulo 1
1. Mārkaṇḍeya Purāṇa, citado em Doniger O'Flaherty, Karma and Rebirth, 30—31.
2. Manusmṛti, citado in Doniger O'Flaherty, Karma and Rebirth, 62.
3. Ibid.
4. Ibid., 63.
5. Ibid.
6. Ibid., 65.

Capítulo 2
7. Aṅguttara Nikāya, 3.72, citado em McDermott, Development, 2.
8. Majjhima Nikāya, 3.202—3, citado em McDermott, Development, 9.
9. Ibid.
10. Samyutta Nikāya, 4.230—31, citado em McDermott, Development, 16—17.

Capítulo 6
11. Hume, "Essay II. On the Immortality of the Soul," 27
12. Anderson, Theology, Death, and Dying, 19.
13. Saint Anselm, Cur Deus Homo, livro 2, cap. 1. In St. Anselm.

Capítulo 7
14. Story, Rebirth as Doctrine and Experience, 30—31.

eureciclo
.com.br

O selo eureciclo faz a compensação ambiental das embalagens usadas pela Editora Lúcida Letra.

Que muitos seres sejam beneficiados.

Para maiores informações sobre lançamentos da Lúcida Letra, cadastre-se em www.lucidaletra.com.br

Este livro foi impresso em janeiro de 2019, na gráfica da Editora Vozes, em papel Avena 80g, utilizando as fontes Museo e Sabon.